HET EINDE VAN DE WAARHEID

HET EINDE VAN DE WAARHEID

OVER LEUGENS IN HET TIJDPERK VAN TRUMP

MICHIKO KAKUTANI

Vertaald door Corrie van den Berg

Spectrum

Uitgeverij Unieboek | Het Spectrum bv

Spectrum maakt deel uit van Uitgeverij Unieboek | Het Spectrum bv,
Postbus 97
3990 DB Houten

Oorspronkelijke uitgave: Published in the United States by Tim Duggan Books, an imprint of the Crown Publishing Group, a division of Penguin Random House LLC, New York.

Eerste druk 2018

Oorspronkelijke titel: *The Death of Truth*
Vertaling: Corrie van den Berg
Omslagontwerp: Christopher Brand
Omslagontwerp Nederlandse uitgave: DPS Design & Prepress Studio, Amsterdam
Auteursfoto: Petr Hlinomaz
Illustratie op blz. 2: 'De waarheid is dood' van Francisco de Goya, uit de prentenserie *De verschrikkingen van de oorlog.*
Opmaak: Elgraphic bv, Vlaardingen

ISBN 978 90 00 36460 2
ISBN 978 90 00 36461 9 (e-book)
NUR 320

www.unieboekspectrum.nl

Voor alle journalisten die het nieuws brengen

INHOUD

INLEIDING

In de twintigste eeuw kwamen twee van de monsterlijkste regimes uit de geschiedenis van de mensheid aan de macht, beide voortvloeiend uit verwoestende aanvallen op de waarheid, uit het besef dat cynisme, gelatenheid en angst mensen bevattelijk kunnen maken voor de leugens en valse beloften van leiders die zich onbeperkte macht willen toe-eigenen. Zoals Hannah Arendt in haar boek *The Origins of Totalitarianism* uit 1951 schreef: 'De ideale onderdanen van het totalitaire bewind zijn niet de overtuigde nazi of de overtuigde communist, maar de mensen voor wie het onderscheid tussen feit en fictie (dat wil zeggen de werkelijkheid van de ervaring) en het onderscheid tussen waar en onwaar (dat wil zeggen de normen van het denken) niet langer bestaan.'[1]

Alarmerend voor de hedendaagse lezer is dat Arendts woorden steeds minder klinken als een bericht uit een andere eeuw, maar eerder als een ijzingwekkende weerspiegeling van het politieke en culturele landschap waarin wij leven – een wereld waarin nepnieuws en leugens in industriële hoeveelheden worden rondgepompt door Russische trollenfabrieken, in een niet-aflatende stroom uit de mond en het Twitteraccount van de president van de Verenigde Staten vloeien en bliksemsnel via sociale media over de wereld worden verspreid. Nationalisme, tribalisme, ontwrichting, angst voor sociale verandering en haat tegenover buitenstaanders nemen weer toe doordat mensen, opgesloten in hun partijpolitieke silo's en filterbubbels, het zicht op een gedeelde werkelijkheid kwijtraken en eveneens het vermogen om buiten sociale en sektarische grenzen om met anderen te communiceren.

Het gaat er hier niet om een directe analogie tussen de huidige omstandigheden en de overweldigende gruwelen in het tijdperk van de Tweede Wereldoorlog te trekken, maar om enkele situaties en attitudes in ogenschouw te nemen – wat Margaret Atwood aanduidde als de 'waarschuwingsvlaggen'[2] in Orwells *1984* en *Animal Farm* – die mensen ontvankelijk maken voor demagogie en politieke manipulatie, en naties een gemakkelijke prooi voor autocraten in spe. Om te onderzoeken hoe een gebrek aan respect voor feiten, de vervanging van de rede door emotie, en taalvervuiling de waarde van de waarheid verminderen en wat dat betekent voor Amerika en voor de hele wereld.

'De historicus kent de kwetsbaarheid van het hele feitenweefsel waarin wij ons dagelijks leven leiden,' schrijft Arendt in een essay uit 1971, 'Liegen in de politiek', 'dit weefsel loopt altijd gevaar door afzonderlijke leugens doorboord te worden, of aan flarden gescheurd door het georganiseerde liegen van groepen, naties of klassen, of ontkend en verdraaid te worden, vaak zorgvuldig toegedekt onder een massa onwaarheden, of prijsgegeven aan de vergetelheid. Feiten hebben een getuigenis nodig om herinnerd te worden; zonder betrouwbare getuigen vinden ze geen erkenning en dus ook geen veilig onderkomen in het domein van de menselijke aangelegenheden.'[3]

De term 'truth decay' ('waarheidsbederf', door de Rand Corporation gebruikt om de 'afnemende rol van feiten en analyse'[4] in het Amerikaanse openbare leven te beschrijven) is toegevoegd aan het post-waarheidslexicon waarin inmiddels zeer bekende woorden en frasen zijn opgenomen als 'nepnieuws' en 'alternatieve feiten'. Maar nepnieuws staat niet op zichzelf: er bestaan ook nepwetenschap (geproduceerd door ontkenners van klimaatverandering en tegenstanders van vaccinatie), nepgeschiedenis (bedreven door Holocaustrevisionisten en witte supremacisten), nep-Amerikanen op Facebook (geschapen door Russische trollen), en nepvolgers en -'likes' op sociale media (door bots gegenereerd).

Trump, de vijfenveertigste president van de Verenigde Staten, liegt er dermate uitgebreid en snel op los, dat hij volgens een berekening van *The Washington Post* in het eerste jaar van zijn ambtstermijn 2140 valse of misleidende beweringen[5] heeft gedaan: een gemiddelde van 5,9 per dag. Zijn leugens – over van alles: het onderzoek naar de Russische inmenging in de verkiezingen, zijn populariteit en zijn prestaties, hoe vaak hij tv-kijkt – zijn slechts de felst knipperende van de vele rode lichten die waarschuwen voor zijn aanvallen op democratische instituties en normen. Het is voor hem puur routine om tekeer te gaan tegen de pers, de rechterlijke macht, de inlichtingendiensten, het verkiezingsstelsel, en de ambtenaren die onze regering draaiende houden.

De aanslag op de waarheid beperkt zich overigens niet tot de Verenigde Staten. Verspreid over de hele wereld doen golven van populisme en fundamentalisme een beroep op angst en woede in plaats van redelijk debat; ze hollen democratische instituties uit en verruilen expertise voor de wijsheid van de meute. Valse beweringen over de financiële relatie van het Verenigd Koninkrijk met de EU[6] (zoals uitgebazuind op een campagnebus van het Vote Leave-kamp) hielpen de stemming te laten doorslaan ten gunste van de Brexit, en Rusland voerde het zaaien van *dezinformatsija* op in de aanloop naar verkiezingen in Frankrijk, Duitsland, Nederland en andere landen in een georkestreerde propaganda-inspanning om democratieën in diskrediet en aan het wankelen te brengen.

Paus Franciscus waarschuwde: 'Er bestaat niet zoiets als onschadelijke desinformatie; het geloof in onwaarheden kan grimmige gevolgen hebben.'[7] Voormalig president Barack Obama merkte op dat 'een van de grootste problemen voor onze democratie de mate is waarin het ons aan een gemeenschappelijke basis van feiten ontbreekt'[8]; tegenwoordig 'opereren' mensen 'in compleet verschillende informatie-universums'. En de Republikeinse senator Jeff Flake hield een speech waarin hij waarschuwde dat '2017 een jaar was waarin de waarheid – de objectieve, empirische, op bewijs berustende waarheid – meer geweld is aangedaan en meer misbruikt is dan ooit eerder in de geschiedenis van ons land is voorgekomen, door toedoen van de machtigste figuur in onze regering'.[9]

Hoe kon dit gebeuren? Wat zijn de wortels van de onwaarheid in het tijdperk-Trump? Hoe konden de waarheid en de rede zulke bedreigde soorten worden, en wat voorspelt hun dreigende verdwijning voor ons openbare discours en de toekomst van onze politiek en ons bestuur? Daarover gaat dit boek.

Het is heel gemakkelijk om Trump – een kandidaat die zijn politieke loopbaan begon door zich schuldig te maken aan *birtherism** – te zien als een volkomen toevallig figuur die president werd als gevolg van een kolkende werveling van factoren: een teleurgesteld electoraat dat nog niet bekomen was van de nasleep van de financiële crash van 2008; Russische inmenging in de verkiezingen, en een stortvloed aan nepverhalen op sociale media door Trump-gezinden; een uiterst polariserende opponent die symbool ging staan voor de elite in Washington die populisten kleineert; en een geschatte vijf miljard dollar aan gratis media-aandacht voor Trumps campagne[10] door mediakanalen met een obsessie voor de views en clicks die de voormalige reality-tv-ster genereerde.

Als een romanschrijver een schurk als Trump had verzonnen – een kolossale, opgepompte incarnatie

* birtherism: twijfel zaaien over het staatsburgerschap van Barack Obama, die niet in de VS geboren zou zijn en daarom geen president had mogen worden (noot vert.).

van narcisme, leugenachtigheid, vooroordeel, botheid, demagogie en tirannieke aandriften (om nog te zwijgen over de stuk of tien Diet Cokes die de man per dag drinkt[11]) – zou men die waarschijnlijk afdoen als een onwaarschijnlijk verzinsel. Eigenlijk is de president van de Verenigde Staten als personage nog minder overtuigend dan een bedenksel van een manische striptekenaar, een soort mix van Ubu Roi, Triumph the Insult Comic Dog en een personage dat door Molière in de prullenmand is gegooid.

Maar de meer clowneske aspecten van de persoonlijkheid van Trump moeten ons niet blind maken voor de zeer ernstige gevolgen van zijn aanval op de waarheid en de regels van de wet, en voor de kwetsbare kanten van onze instituties en onze digitale communicatie zoals die door hem zijn blootgelegd. Hij had als kandidaat, die tijdens zijn campagne al op de korrel werd genomen vanwege zijn verleden als leugenaar en grossier in oneerlijke zakelijke praktijken,[12] waarschijnlijk nooit zoveel steun onder het grote publiek kunnen verwerven als dat publiek niet al deels was afgestompt op het gebied van de waarheid, en indien er geen sprake was geweest van meer stelselmatige problemen met de manier waarop mensen informatie krijgen aangereikt en hun steeds partijdiger manier van denken.

Bij Trump is het persoonlijke politiek, en in veel opzichten is hij niet zozeer een afwijkende stripfiguur als een extreme omgekeerde wereld-exponent van de meer algemene, met elkaar verstrengelde attitudes die de waarheid ondermijnen: van de versmelting van nieuws en politiek met entertainment tot de vergiftigende polarisatie die hoogtij viert in de Amerikaanse politiek en de groeiende minachting van populisten voor deskundigheid.

Deze attitudes zijn op hun beurt emblematisch voor een dynamiek die zich al jaren onder de oppervlakte van het dagelijks leven voltrekt en die het perfecte ecosysteem heeft gecreëerd waarin Veritas, de godin van de waarheid (zoals afgebeeld door Goya in een beroemde prent getiteld 'De waarheid is gestorven') doodziek kon worden.

Al decennialang raakt de objectiviteit – of zelfs alleen het idee dat mensen ernaar kunnen streven de best mogelijke waarheid vast te stellen – steeds verder uit de gratie. Daniel Patrick Moynihans bekende uitspraak 'Iedereen heeft recht op zijn eigen mening, maar niet op zijn eigen feiten',[13] is nu van meer betekenis dan ooit tevoren: de polarisatie is onderhand zo extreem dat kiezers in 'Red State America' en 'Blue State America' het heel lastig vinden het over dezelfde feiten met elkaar eens te zijn.

Dit is al gaande sinds een zonnestelsel van rechtse nieuwssites, cirkelend in een baan rond Fox News en Breitbart News, zijn aantrekkingskracht op de Republikeinse basis verstevigde; het raakte sindsdien in een stroomversnelling door de sociale media, die gebruikers koppelen aan gelijkgestemde volgers en voorzien van op hen toegesneden *newsfeeds* die hun vooroordelen versterken, waardoor ze in steeds nauwere, raamloze silo's gaan leven.

Het relativisme was trouwens al in opmars sinds de culturele oorlogen in de jaren '60 van de twintigste eeuw begonnen. Indertijd werd het omhelsd door Nieuw Links, dat de vooroordelen in het westerse, burgerlijke, door mannen gedomineerde denken vol gretigheid wilde blootleggen, en door academici die het evangelie van het postmodernisme verkondigden: er bestaan geen universele waarheden, maar alleen kleinere persoonlijke waarheden. Opvattingen die gevormd worden door de culturele en sociale krachten van de tijd waarin men leeft. Later zijn relativistische argumenten gegijzeld door rechtse populisten, onder wie creationisten en ontkenners van klimaatverandering, die eisen dat hun visie wordt onderwezen naast theorieën 'op wetenschappelijke basis'.

Het relativisme paste uiteraard volmaakt bij het narcisme en de subjectiviteit die al hoogtij vierden, vanaf Tom Wolfes Ik-Tijdperk tot in het selfie-tijdperk van de eigendunk. Het is daarom niet verwonderlijk dat het Rashomon-effect – het gezichtspunt dat alles afhangt van jouw gezichtspunt – onze cultuur heeft doordrenkt, van populaire romans als *Furie en fortuin* tot de televisieserie *The Affair*, die draaien om het idee van botsende werkelijkheden of onbetrouwbare vertellers.

Ik heb gedurende bijna vier decennia gelezen en geschreven over veel van dit soort kwesties, beginnend bij de opkomst van deconstructie en de strijd over de literaire canon op campussen; gevolgd door debatten over gefictionaliseerde hervertellingen van de geschiedenis in films als *JFK* van Oliver Stone en *Zero Dark Thirty* van Kathryn Bigelow; over de inspanningen van zowel de regering-Bush als de regering-Clinton om transparantie te omzeilen en de werkelijkheid te definiëren zoals het hun uitkwam; over Donald Trumps oorlog tegen de taal en zijn pogingen het abnormale normaal te maken; over de consequenties die de technologie heeft gehad voor de manier waarop we informatie verwerken en delen. In de volgende bladzijden hoop ik op basis van de boeken die ik heb gelezen en de gebeurtenissen van nu een aantal van de puzzelstukjes over de aanslag op de waarheid bij elkaar te leggen, en ze te plaatsen in de bredere context van sociale en politieke processen waarvan onze cultuur in de loop der jaren doordrongen is geraakt. Ik hoop ook de aandacht te kunnen vestigen op een aantal voorspellende boeken en geschriften uit het verleden, die licht werpen op de hachelijke situatie waarin wij ons nu bevinden.

De waarheid is een hoeksteen van onze democratie. Zoals voormalig waarnemend minister van Justitie Sally Yates opmerkte, is de waarheid een van de dingen die ons van een autocratie scheiden: 'We kunnen debatteren over beleid en kwesties, en dat moeten we ook doen. Maar dergelijke debatten moeten worden gevoerd op basis van algemene feiten, niet met grove appèls op emotie en angst door middel van polariserende retoriek en verzinsels.

Niet alleen bestaat er zoiets als de objectieve waarheid, het heeft gevolgen als die waarheid niet wordt verteld. Of onze ambtenaren ons voorliegen, daarover hebben we geen controle. Maar waar we wel invloed op hebben, is of we hen aansprakelijk stellen voor deze leugens of dat we, ofwel in een staat van uitputting ofwel om onze eigen politieke doelstellingen niet in gevaar te brengen, de andere kant opkijken en onverschilligheid jegens de waarheid een normale zaak gaan vinden.'[14]

1

VERVAL EN ONDERGANG VAN DE REDE

Dit is een appel.
Misschien willen sommigen je wijsmaken dat het
een banaan is.
Misschien roepen ze keer op keer op keer 'Banaan,
banaan, banaan'.
Of schrijven ze BANAAN met hoofdletters.
Misschien begin je zelfs te geloven dat dit een
banaan is.
Maar dat is niet zo.
Dit is een appel.

– CNN-reclame, waarin een foto
getoond wordt van een appel.

In zijn speech voor het Young Men's Lyceum in Springfield in 1838 sprak een jonge Abraham Lincoln zijn bezorgdheid uit over het feit dat, terwijl de herinneringen aan de Revolutie vervaagden, de vrijheid van het land bedreigd werd door minachting voor de regeringsinstituties die de civiele en religieuze vrijheden, de nalatenschap van de Founding Fathers, beschermden. Om de heerschappij der wet te beschermen en te voorkomen dat een tiran in spe 'onder ons zou kunnen opstaan',[2] was nuchtere rede – 'de kille, berekenende, ongepassioneerde rede' – een vereiste. Om 'tot het einde toe vrij' te blijven, hield hij zijn gehoor voor, moest het Amerikaanse volk de rede omarmen, samen met 'krachtige moraliteit en, in het bijzonder, eerbied voor de grondwet en wetten'.

Zoals Lincoln heel goed wist, hadden de stichters van Amerika de jonge republiek gevestigd met de Verlichtingsbeginselen rede, vrijheid, vooruitgang en religieuze tolerantie als uitgangspunt. En de grondwettelijke structuur die zij ontwierpen, was gebaseerd op een rationeel stelsel van *checks and balances* om te verhoeden dat, in de woorden van Alexander Hamilton, ooit 'een man gespeend van principes in zijn dagelijks bestaan' en 'brutaal van karakter' zou opstaan die mogelijk 'het stokpaardje van de populariteit zou bestijgen' en zou 'vleien en bijval betuigen aan alle nonsens van de zeloten van het moment' om de regering te hinderen en 'verwarring zou zaaien opdat hij "zich kan laten meedrijven met de storm om de richting van de wervelwind te kunnen bepalen"'.[3]

Het systeem was verre van volmaakt, maar heeft meer dan twee eeuwen standgehouden dankzij zijn veerkracht en vermogen om essentiële veranderingen toe te laten. Leiders als Lincoln, Martin Luther King Jr. en Barack Obama beschouwden Amerika als een werk in uitvoering – een land dat bezig is zichzelf te vervolmaken. En ze probeerden dat werk versneld uit te voeren, met de achterliggende gedachte, in de woorden van dr. King, dat 'vooruitgang niet automatisch noch onvermijdelijk is'[4], maar constante toewijding en strijd vereist. Wat bereikt was sinds de Burgeroorlog en de beweging voor gelijke burgerrechten, diende als geheugensteuntje voor wat er allemaal nog gedaan moest worden, maar getuigde ook van het geloof van president Obama dat wij Amerikanen 'onszelf voortdurend kunnen vernieuwen om in onze grotere dromen te passen'[5], en van het Verlichtingsgeloof in wat George Washington het grote 'aan de handen van het Amerikaanse volk toevertrouwde experiment'[6] noemde.

Naast deze optimistische kijk op Amerika als een land dat een stralende 'stad op een heuvel' zou kunnen worden, kent de geschiedenis van de Verenigde Staten ook een duister, irrationeel tegengeluid, dat zich inmiddels in het kwadraat heeft doen gelden – tot aan het punt dat de rede niet alleen wordt ondermijnd, maar uit het raam gesmeten lijkt te zijn, samen met feiten, het debat op basis van deskundigheid en het maken van beleid op basis van overleg. De wetenschap ligt onder vuur en hetzelfde geldt voor deskundigheid op alle terreinen, of het nu gaat om buitenlands beleid, nationale veiligheid, economie of educatie.

Philip Roth heeft dit tegengeluid 'de typisch Amerikaanse waanzin'[7] genoemd, en de historicus Richard Hofstadter gaf er de beroemd geworden omschrijving 'paranoïde stijl' aan – een visie aangedreven door 'heftige overdrijving, achterdocht en samenzweringsfantasieën'[8] en gericht tegen zogenaamde bedreigingen van 'een volk, een cultuur, en manier van leven'.[9] De aanleiding voor Hofstadters essay uit 1964 was de campagne van Barry Goldwater en de rechtse beweging eromheen, zoals zijn boek uit 1963, *Anti-intellectualism in American Life*, een reactie is op de beruchte heksenjacht van senator Joseph McCarthy met het bredere politieke en sociale landschap van de jaren vijftig op de achtergrond.

Goldwater slaagde er niet in president te worden, en het mccarthyisme doofde uit nadat een advocaat voor het Amerikaanse leger, Joseph Welch, zo moedig was het op te nemen tegen McCarthy. 'Hebt u dan geen greintje fatsoen meer over?' vroeg Welch.

‘Hebt u geen enkel besef van fatsoen meer?’[10]

De giftige McCarthy, die in Washington wild om zich heen sloeg met beschuldigingen van ontrouw (‘in het ministerie van Buitenlandse Zaken huist een heel nest communisten en communistische sympathisanten,’[11] waarschuwde hij president Truman in 1950), werd in 1954 door de Senaat berispt, en toen de Sovjets in 1957 de Spoetnik lanceerden, begon het dreigende antirationalisme van de dag terrein te verliezen, wat de weg vrijmaakte voor de ruimtewedloop en een grootschalige inspanning om de wetenschapsprogramma’s van het land te verbeteren.

Volgens Hofstadter is de paranoïde stijl geneigd in ‘episodische golven’[12] op te treden. De tegen immigratie gerichte antikatholieke Know Nothingpartij[13] beleefde haar hoogtepunt in 1855, toen drieënveertig leden van het Congres er openlijk hun steun aan betuigden. In het daaropvolgende jaar begon de macht ervan weer te tanen toen er breuklijnen binnen de partij ontstonden, maar de intolerantie ervan bleef als een virus in het politieke stelsel aanwezig, klaar om opnieuw de kop op te steken.

Wat de moderne rechtervleugel betrof, beweerde Hofstadter dat die geneigd was te worden aangedreven door gevoelens van wrok en berooidheid. Hij schreef dat 'Amerika hun grotendeels is ontnomen', en dat ze het gevoel kunnen hebben 'geen toegang te hebben tot politieke onderhandelingen of het nemen van besluiten'.[14]

In het Amerika (en een groot deel van West-Europa) ten tijde van de millenniumwisseling werden dergelijke grieven verergerd door demografische veranderingen en veranderende sociale mores, waardoor sommige leden van de blanke werkende klasse zich steeds verder in de marge geduwd voelden; door groeiende inkomensverschillen, versneld door de financiële crisis van 2008; en door krachten als globalisering en technologie waardoor banen in fabrieken werden gekaapt en het dagelijks leven geïnjecteerd werd met nieuwe onzekerheden en angst.

Trump en nationalistische, anti-immigrantenleiders[15] ter rechterzijde in Europa, zoals Marine Le Pen in Frankrijk, Geert Wilders in Nederland en Matteo Salvini in Italië, wakkerden deze gevoelens van angst, woede en ontneming van rechten aan en droegen zondebokken aan in plaats van oplossingen; intussen waarschuwden liberalen en conservatieven, ongerust over de toename van het aantal mensen die voor zichzelf meer rechten opeisten dan voor immigranten en over de vooroordelen in de politiek, dat democratische instituties steeds verder bedreigd werden. Yeats' gedicht 'The Second Coming', geschreven in 1919 tussen de puinhopen na afloop van de Eerste Wereldoorlog, kwam in 2016 opnieuw sterk in de aandacht; het werd in de eerste helft van dat jaar in nieuwsartikelen vaker aangehaald dan in drie decennia bij elkaar[16]: commentatoren van uiteenlopende politieke gezindten citeerden deze beroemde regels: 'Things fall apart; the centre cannot hold; / Mere anarchy is loosed upon the world' (''t Valt ál uiteen; het midden houdt geen stand; barre anarchie [...] wordt op de wereld losgejaagd.')[17]*

De aanval op de waarheid en de rede, die een koortsig hoogtepunt bereikte in Amerika in het eerste jaar van het presidentschap van Trump, was al jaren in de maak in de marge van het rechtse kamp. Clinton-haters die in de jaren '90 krankjorume beschuldigingen fabriceerden naar aanleiding van de dood van Vince Foster, en paranoïde aanhangers van de Tea Party die beweerden[18] dat milieudeskundigen de temperatuur in ons huis en de kleur van de auto's die we kopen wilden beheersen, sloten zich tijdens de campagne van 2016 aan bij Breitbart-bloggers en alt-right-trollen. En toen Trump de nominatie van de Republikeinen binnenhaalde en president werd,

* De Nederlandse vertaling is van A. Roland Holst, uit 1930.

werden de extremistische gezichtspunten van zijn radicaalste aanhangers – hun raciale en religieuze intolerantie, hun afkeer van de regering, en hun omarming van samenzweringsdenken en verkeerde informatie – mainstream.

Volgens een onderzoek uit 2017,[19] uitgevoerd door *The Washington Post*, gelooft 47 procent van de Republikeinen ten onrechte dat Trump landelijk het grootste aantal stemmen behaalde, gelooft 68 procent dat in 2016 miljoenen illegale immigranten hun stem uitbrachten, en zegt meer dan de helft van de Republikeinen dat ze het prima zouden vinden om de presidentsverkiezingen van 2020 uit te stellen totdat dergelijke problemen met illegaal stemmen verholpen zijn. Een ander onderzoek,[20] uitgevoerd door politieke wetenschappers van de Universiteit van Chicago, liet zien dat 25 procent van de Amerikanen gelooft dat de bankencrisis van 2008 in het geheim georkestreerd is door een kleine bankierskliek, dat 19 procent gelooft dat de Amerikaanse regering een aandeel had in de terroristische aanvallen van 11 september, en dat 11 procent zelfs geloof hecht aan een door de onderzoekers verzonnen theorie dat spaarlampen onderdeel waren van een complot van de regering, om mensen passiever te maken en gemakkelijker in toom te kunnen houden.

Trump, die zijn politieke loopbaan begon[21] door op schaamteloze wijze birtherism te promoten en die zich goedkeurend uitliet over de samenzweringstheoreticus en *shock jock* Alex Jones, kwam aan het hoofd van een regering die in haar eerste jaar de ware belichaming werd van anti-Verlichtingsprincipes, die de waarden van rationalisme, tolerantie en empirisme afwees, zowel in haar beleid als in haar modus operandi – een afspiegeling van de grillige, impulsieve stijl van besluiten nemen van de opperbevelhebber, die niet gebaseerd is op kennis, maar drijft op instinct, opwellingen en vooringenomen (en vaak onjuiste) ideeën over hoe het er in de wereld toegaat.

Trump deed geen moeite zijn onwetendheid op het terrein van de binnenlandse en buitenlandse politiek te corrigeren toen hij zijn intrek nam in het Witte Huis. Zijn voormalige campagnestrateeg Stephen Bannon[22] heeft gezegd dat Trump alleen 'leest ter bekrachtiging'[23]; en de president is vasthoudend doorgegaan met het ontkennen, bagatelliseren en relativeren van informatie over de Russische bemoeienis met de verkiezingen van 2016. Berichten hierover wekken meestal zijn woede op[24] en verstoren zo de inlichtingenbriefings, en om die reden, zo verklaarden ambtenaren tegenover *The Washington Post*, verwerkten ze dergelijk materiaal soms alleen in geschreven versies van de dagelijkse presidentiële briefing, die hij naar verluidt zelden of nooit leest.

In plaats daarvan schijnt de president er de voorkeur aan te geven zijn informatie te halen bij Fox News, met name bij de hielenlikkende ochtendshow *Fox & Friends* – en bij bronnen als Breitbart News[25] en de *National Enquirer*. Volgens sommige berichten zou hij wel acht uur per dag televisiekijken[26] – een gewoonte die veel lezers onvermijdelijk deed denken aan Chauncey Gardiner, de aan tv verslaafde tuinman die een beroemdheid en rijzende politieke ster wordt in de roman *Being There* van Jerzy Kosinski uit 1970. Vice News berichtte ook dat Trump tweemaal daags een map ontving, gevuld met vleiende knipsels, waaronder 'bewonderende tweets, afschriften van kruiperige tv-interviews, lovende verhalen uit het nieuws en soms niet meer dan alleen foto's van Trump op televisie, waarop hij er krachtig uitziet'.[27]

Dit soort absurde details zijn eerder verontrustend dan komisch, omdat dit niet een simpele *Twilight Zone*-aflevering is over één fantast die in een groot wit huis in Washington DC woont. Trumps chaotische natuur wordt niet in bedwang gehouden door degenen die hem omringen, maar heeft zijn gehele regering aangestoken. Hij houdt staande: 'Ik ben de enige die ertoe doet'[28] als het gaat om het bepalen van beleid, en gezien zijn minachting voor institutionele kennis negeert hij dikwijls de adviezen van zijn kabinetsleden en -afdelingen, als hij ze niet al volledig negeert.

Ironisch genoeg lijkt het disfunctioneren, dat het gevolg is van deze gewoonten, het wantrouwen jegens Washington onder zijn aanhangers (een van de belangrijkste redenen dat ze op Trump stemden) te bekrachtigen, zodat er sprake is van een soort selffulfilling prophecy die op haar beurt leidt tot nog groter cynisme en weerzin om deel te nemen aan het politieke proces. Een toenemend aantal kiezers vindt dat er een enorme kloof bestaat tussen hun gezichtspunten en het beleid van de regering. Gezond verstandbeleid als het verplichten van achtergrondonderzoek bij de aankoop van wapens,[29] waar meer dan negen van de tien Amerikanen vóór zijn, is verijdeld door het Congres, dat veel leden telt die donaties krijgen van de National Rifle Association (NRA). 87 procent van de Amerikanen[30] was er in een opiniepeiling in 2018 voor om Dreamers in de Verenigde Staten te laten blijven, maar toch is de DACA-regeling* een poli-

* Overheidsprogramma ter bescherming van jonge illegale immigranten die als kind naar de Verenigde Staten zijn gekomen, de 'Dreamers'.

tieke speelbal gebleven. En 83 procent van de Amerikanen[31] (van wie 75 procent Republikeinen) zegt dat ze voor netneutraliteit zijn, maar die wettelijke regeling is door Trumps Federal Communications Commission (FCC) weer teruggedraaid.

De afnemende rol van het rationele discours – en de verkleinde rol van een op gezond verstand en op feiten berustend beleid – is zeker niet begonnen bij Donald J. Trump. Maar hij vertegenwoordigt het culminatiepunt van trends die werden geconstateerd in voorspellende boeken van Al Gore, Farhad Manjoo en Susan Jacoby, die bijna een decennium verschenen voordat Trump zijn intrek nam aan Pennsylvania Avenue nummer 1600. Jacoby (*The Age of American Unreason*) noemde als enkele van de oorzaken van dit verval een 'verslaving aan infotainment'[32], de niet-aflatende kracht van religieus fundamentalisme, 'de populaire vereenzelviging van intellectualisme[33] met een liberalisme dat onverenigbaar zou zijn met traditionele Amerikaanse waarden', en een onderwijsstelsel dat 'niet alleen basisvaardigheden op een gebrekkige manier aanleert, maar ook de logica die aan deze vaardigheden ten grondslag ligt'[34].

Al Gore benadrukte van zijn kant in *The Assault on Reason* de zorgwekkende toestand van Amerika als deelnemersdemocratie (lagere opkomst van kiezers, een slecht geïnformeerd electoraat, campagnes waarin geld de hoofdrol speelt en manipulatie van de media) en 'het hardnekkig vasthouden aan onwaarheden als uitgangspunten voor het beleid, zelfs als er een overdaad aan niet mis te verstane bewijzen van het tegendeel bestaat'.[35]

Gore besteedde met name aandacht aan het desastreuze besluit van de regering-Bush om Irak binnen te vallen en de cynische manier waarop het grote publiek hier warm voor werd gemaakt, met een verwrongen 'voorstelling van de Amerikaanse werkelijkheid door nieuwe angst voor Irak te zaaien die in geen enkele verhouding stond tot het werkelijke gevaar' van de kant van een land dat de Verenigde Staten op 11 september niet had aangevallen en dat niet beschikte over de afschrikwekkende massavernietigingswapens waarmee haviken in de regering de Amerikanen angst aanjoegen.[36]

De oorlog in Irak blijft een leerzame les[37] als het gaat om calamiteiten die kunnen optreden wanneer belangrijke beslissingen, die hun weerslag hebben op de hele wereld, niet genomen worden via een proces van rationele beleidsvorming, zorgvuldige weging van informatie en deskundige analyse, maar worden gestuurd door ideologische overtuiging en het kiezen van alleen die informatie uit de inlichtingenstroom die vooringenomen idee-fixen ondersteunt.

Vanaf het begin hebben haviken in de regering, onder aanvoering van vicepresident Dick Cheney en minister van Defensie Donald Rumsfeld, aangedrongen op het verzamelen van die inlichtingen die konden bijdragen aan het beginnen van een oorlog. Het ministerie van Defensie zette zelfs een schimmige afdeling op, het Office of Special Plans; het doel daarvan, aldus een door Seymour M. Hersh in *The New Yorker* aangehaalde adviseur van het Pentagon, was bewijs te vinden voor wat Rumsfeld en de onderminister van Defensie Paul Wolfowitz allang als waarheid aannamen: dat Saddam Hoessein banden had met Al-Qaida en dat Irak beschikte over een enorm arsenaal aan biologische en chemische wapens en mogelijk ook kernwapens.

Intussen werd er bij het voorbereiden van de grondoorlog geen aandacht geschonken aan nuchtere waarschuwingen van experts als Eric K. Shinseki, chef-staf van het leger, die verklaarde dat in naoorlogs Irak 'iets in de orde van enkele honderdduizenden soldaten'[38] nodig zouden zijn. Zijn aanbeveling werd onmiddellijk terzijde geschoven, evenals rapporten van de Rand Corporation en het Army War

College, die beide eveneens waarschuwden dat de naoorlogse veiligheid en de wederopbouw in Irak een groot aantal soldaten gedurende langere tijd zouden vergen. Aan deze inschattingen werd voorbijgegaan – met noodlottige gevolgen – omdat ze niet pasten bij de opzettelijk optimistische beloften van de regering dat het Iraakse volk de Amerikaanse soldaten als bevrijders zou verwelkomen en dat het verzet op de grond beperkt zou zijn. 'Een *cakewalk*',[39] een eitje, zoals een medestander van Rumsfeld het noemde.

Er werden niet voldoende manschappen naar het land gestuurd om de veiligheid te garanderen en orde en gezag te herstellen; de aanbevelingen van het 'Future of Iraq Project' van Buitenlandse Zaken werden aan de kant geschoven (wegens spanningen met het Pentagon); er werden ad-hocbesluiten genomen om het Iraakse leger te ontbinden en alle hoge leden van de Ba'ath-partij buitenspel te zetten. Dergelijke rampzalige en vermijdbare blunders resulteerden in een klungelige Amerikaanse bezetting, treffend omschreven door een militair, verbonden aan de Coalition Provisional Authority (het voorlopig bestuur van de coalitie) als 'het aan elkaar plakken van veren, hopend op een eend'.[40] De oorlog in Irak zou een van de rampzaligste gebeurtenissen in de nog jonge eeuw blijken te zijn; ze schudde de geopolitiek van de regio door elkaar en vormde de oorsprong van de opkomst van IS en van een nog steeds voortdurende vloedgolf aan rampen voor de bevolking van Irak, de regio en de wereld.

Hoewel Trump tijdens de campagne van 2016 veelvuldig kritiek uitte op het besluit om Irak binnen te vallen,[41] heeft zijn eigen Witte Huis niets geleerd van de manier waarop de regering-Bush omging met deze onnodige, tragische oorlog. Integendeel, het zette extra in op beleidsvorming via *reverse engineering* en het afwijzen van experts.

Zo is het ministerie van Buitenlandse Zaken uitgehold als gevolg van Steve Bannons plechtige belofte te zullen vechten voor de 'ontmanteling van de bestuurlijke overheid'[42] en het wantrouwen van het Witte Huis jegens 'deep state'*-specialisten. De schoonzoon van de president, Jared Kushner, een 36-jarige vastgoedontwikkelaar zonder bestuurlijke ervaring, kreeg de Midden-Oosten-portefeuille toebedeeld, terwijl het inkrimpende ministerie van Buitenlandse Zaken steeds verder naar de zijlijn

* Invloedrijke personen die achter de schermen macht zouden uitoefenen, onafhankelijk van de gekozen regering.

werd verdreven. Veel belangrijke posten waren aan het einde van Trumps eerste jaar als president nog onbezet. Dit was deels een gevolg van bezuinigingen en plichtsverzuim, deels van weerzin tegen het benoemen van diplomaten die twijfels uitten over het beleid van de president (zoals in het geval van de cruciale functie van ambassadeur in Zuid-Korea[43]), en deels van de uittocht van getalenteerde ambtenaren van Buitenlandse Zaken uit een apparaat dat onder de nieuwe leiding geen belang meer hechtte aan hun vaardigheden op het gebied van de diplomatie, hun kennis van het beleid of hun ervaring in verre uithoeken van de wereld. In combinatie met Trumps opheffing van lang bestaande bondgenootschappen en handelsakkoorden, de manier waarop hij democratische idealen gestaag ondermijnde en de onverschilligheid waarmee zijn regering zich bezighield met buitenlandse politiek, leidde dit tot een vrije val van het vertrouwen van de rest van de wereld in het Amerikaanse leiderschap in 2017, naar een nieuw dieptepunt van slechts 30 procent (onder China en maar net boven Rusland) volgens een Gallup-opiniepeiling.[44]

In sommige opzichten weerspiegelde de minachting van Trumps Witte Huis voor expertise en ervaring bredere opvattingen, die in de hele Amerikaanse samenleving borrelden. In zijn boek uit 2007, *The Cult of the Amateur*, waarschuwde Andrew Keen, ondernemer in Silicon Valley, dat het internet niet alleen informatie had gedemocratiseerd op een manier die men in zijn stoutste dromen niet had kunnen bedenken, maar dat het ook waarachtige kennis verving door 'de wijsheid van de massa'[45], waardoor de grenzen tussen feit en mening, tussen onderbouwde argumenten en wilde speculatie op een gevaarlijke manier vervaagden.

Een decennium later schreef wetenschapper Tom Nichols in *The Death of Expertise* dat zowel ter rechter- als ter linkerzijde een koppige vijandigheid jegens bewezen kennis de kop had opgestoken, en dat mensen op een agressieve manier volhielden dat 'elke mening over wat dan ook even goed is als elke andere'[46]. Onwetendheid was inmiddels in de mode.

'Als burgers niet de moeite nemen zich basaal te informeren over de kwesties die van invloed zijn op hun leven,'[47] schreef Nichols, 'geven ze de controle over deze kwesties uit handen, of ze willen of niet. En wanneer kiezers geen controle meer hebben over dergelijke belangrijke besluiten, riskeren ze dat onwetende demagogen hun democratie in gijzeling nemen of dat hun democratische instellingen, langs een iets kalmere, geleidelijkere route, verworden tot een autoritaire technocratie.'

De voorkeur van Trumps Witte Huis voor loyaliteit en een ideologisch keurslijf in plaats van kennis, is zichtbaar in zijn hele regering. Incompetente rechters en afdelingshoofden[48] werden benoemd op basis van vriendjespolitiek of politieke connecties, of met het doel afdelingen te ondermijnen die Trumps grootschalige dereguleringsplannen ten voordele van de fossiele-brandstoffenindustrie en rijke zakelijke donateurs konden dwarsbomen. Rick Perry, een bekend voorstander van het afschaffen van het ministerie van Energie,[49] werd benoemd tot hoofd daarvan, met als taak te bezuinigen op programma's voor hernieuwbare energie. En het nieuwe hoofd van het milieubeschermingsagentschap EPA, Scott Pruitt,[50] die in de jaren daarvoor als aanklager herhaaldelijk diezelfde dienst had vervolgd, begon onmiddellijk met het ontmantelen of vertragen van wetgeving ter bescherming van het milieu.

Het grote publiek – dat tegen de belastingwet van de Republikeinen was en vreesde dat het niet langer gebruik zou kunnen maken van gezondheidszorg – werd op autoritaire wijze genegeerd toen hun zienswijze niet bleek te stroken met de doelstellingen van de regering-Trump of die van het Republikeinse Congres. En wanneer deskundigen op een bepaald terrein – bijvoorbeeld klimaatverandering, het fiscale beleid of de nationale veiligheid – lastige vragen opwierpen, werden ze aan de kant gezet, of erger. Dit gebeurde bijvoorbeeld met het Congressional Budget Office[51] (het begrotingsbureau dat decennia geleden werd ingesteld als een onafhankelijk, niet-partijgebonden instelling voor het begroten van de kosten van wetgeving), toen het meldde dat een voorgestelde gezondheidszorgwet van de Republikeinen ertoe zou leiden dat miljoenen mensen méér onverzekerd zouden blijven. Republikeinen begonnen de dienst aan te vallen – niet alleen het rapport, maar ook zijn bestaansrecht. Trumps directeur van het bureau management en budgettering, Mick Mulvaney, vroeg zich af of de tijd van het CBO was 'gekomen en gegaan', en andere Republikeinen stelden voor het budget ervan fors te verlagen en het aantal medewerkers, 235 in getal, met 89 personen in te krimpen.

De normale machinerie van de beleidsvorming, en het normale proces van analyseren en controleren, werden routinematig omzeild door de regering-Trump, die dergelijke normen met voorspelbare regelmaat schond. Veel maatregelen waren het irrationele resultaat van een soort *reverse engineering*: beslissingen nemen die tot een door het Witte Huis of het Republikeinse Congres gewenst resultaat leiden, om vervolgens te proberen hiervoor de verantwoording of argumenten aan te dragen. Dit was het tegenovergestelde van de wetenschappelijke methode, waarbij data systematisch verzameld en beoordeeld worden om hypotheses te formuleren en te testen – een methode die de regering duidelijk minachtte, gezien haar orders aan analisten van het CDC, de organisatie voor het opsporen, behandelen en voorkomen van ziekten, om de termen 'wetenschappelijk onderbouwd' en 'empirisch onderbouwd'[52] te vermijden. Dit bracht in herinnering dat in Orwells dystopie in *1984* er geen woord bestaat voor 'wetenschap', aangezien de 'empirische denkmethode, waarop alle wetenschappelijke resultaten uit het verleden gebaseerd waren',[53] een objectieve realiteit vertegenwoordigt die een bedreiging vormt voor de macht van Big Brother om te bepalen wat waarheid is.

Naast de aankondiging[54] dat de Verenigde Staten zich terugtrokken uit het Klimaatakkoord van Parijs (nadat Syrië zich erbij had aangesloten, waren de VS nog het enige land dat deze mondiale overeenkomst verwierp), kwam de regering-Trump ook nog eens met de belofte[55] een einde te maken aan het 'Clean Power Plan' van president Obama om de uitstoot van broeikasgassen te beperken, en het verbod op het boren naar olie en gas voor de kust weer op te heffen. Wetenschappers werden ontslagen[56] uit adviesorganen van de regering en er werden plannen gemaakt voor het bezuinigen op een scala aan researchprogramma's op terreinen als biomedische en milieuwetenschappen, engineering en data-analyse. Alleen al voor het milieubeschermingsagentschap EPA[57] dreigde een door het Witte Huis voorgestelde bezuiniging van 2,5 miljard van het jaarlijkse budget – een verlaging van meer dan 23 procent.

In april 2017 vormde de March for Science,[58] in Washington georganiseerd om te protesteren tegen het antiwetenschapsbeleid van de regering-Trump, het startpunt voor nog ruim vierhonderd marsen in meer dan vijfendertig landen. De deelnemers liepen daarin mee uit solidariteit met collega's in de Verenigde Staten, en ook uit bezorgdheid om de status van de wetenschap en de ratio in hun eigen land. Beslissingen die door de Amerikaanse regering genomen worden over klimaatverandering en andere mondiale problemen brengen immers een domino-effect op gang in de rest van de wereld; ze zijn van invloed op gezamenlijke projecten en gezamenlijke research, en ook op pogingen om internationale oplossingen te vinden voor crises die hun weerslag hebben op de hele planeet.

Britse wetenschappers maken zich zorgen over de gevolgen van de Brexit voor universiteiten en onderzoeksinstituten in het Verenigd Koninkrijk en de mogelijkheden voor Britse studenten om elders in Europa te studeren.[59] Wetenschappers in landen van Australië tot Duitsland en Mexico maken zich zorgen over de verspreiding van opvattingen die afbreuk doen aan wetenschap, empirisch onderzoek en collegiale toetsing. En artsen in Latijns-Amerika en Afrika maken zich zorgen dat nepnieuws over Zika en ebola desinformatie en angst verspreidt.

Mike McFarrin, postdoctoraal student glaciologie en werkzaam in Kangerlussuaq, een plaatsje met vijfhonderd inwoners in Groenland, vertelde aan het tijdschrift *Science* dat de bewoners daar praktische redenen hadden om zich zorgen te maken over klimaatverandering, omdat smeltwater van de ijskap een plaatselijke brug deels had weggespoeld. 'Ik vergelijk de aanvallen op de wetenschap met het uitdraaien van de koplampen,' zei hij. 'We rijden met hoge snelheid, maar mensen willen niet zien wat eraan komt. Wij wetenschappers zijn de koplampen.'[60]

Een van de schokkendste verhalen over hoe snel de 'heerschappij van de rede' – geloof in wetenschap, humanisme, vooruitgang en vrijheid – plaats kan maken voor 'het andere uiterste: terreur en massa-emotie',[61] is te vinden in de memoires van Stefan Zweig uit 1942, *Die Welt von Gestern*. Zweig was getuige van twee wereldschokkende calamiteiten in zijn leven – de Eerste Wereldoorlog, gevolgd door een korte adempauze, en daarna de catastrofale opkomst van Hitler en de Tweede Wereldoorlog. Zijn memoires zijn een getuigenis van hoe Europa zichzelf binnen decennia op suïcidale wijze uiteenscheurde – het verhaal van de verschrikkelijke 'nederlaag van de rede' en 'de meest woeste triomf van de wreedheid', een les, zo hoopte hij, voor toekomstige generaties.

Zweig schreef over zijn jeugd in een plaats en tijd waarin vooruitgang, gezien de wonderen van de wetenschap – het bedwingen van ziektes, 'het in een seconde over de hele aardbol verzenden van het woord van de mens'[62] – onvermijdelijk leek en waarin zelfs verschrikkelijke problemen als armoede 'niet langer onoverwinnelijk' leken te zijn. De generatie van zijn vader was bezield van optimisme (wat sommige lezers mogelijk doet denken aan de hoopvolle verwachtingen die de westerse wereld als een vloedgolf overspoelden toen de Berlijnse Muur in 1989 viel), zo herinnerde Zweig zich: 'Ze geloofden oprecht dat de verschillen en de grenzen tussen landen en sekten geleidelijk zouden wegsmelten in een eensgezinde mensheid, en dat vrede en veiligheid, de verhevenste schatten, alle mensen ten deel zouden vallen.'

Toen hij jong was, brachten Zweig en zijn vrienden uren door in koffiehuizen, waar ze praatten over kunst en persoonlijke aangelegenheden: 'We hadden als passie de eersten te zijn om het laatste, het nieuwste, het meest extravagante, het ongewone te ontdekken.'[63] In die jaren kenden de hogere en de middenklasse een gevoel van geborgenheid: 'Je huis was verzekerd tegen brand en diefstal, je akker tegen hagel en storm, je persoon tegen ongelukken en ziekte.'

Mensen deden er lang over om het gevaar te onderkennen dat Hitler vertegenwoordigde. 'De weinige schrijvers die de moeite hadden genomen om Hitlers boek te lezen,' schrijft Zweig, 'maakten zich vrolijk over de bombast van zijn harkerige proza in plaats van aandacht aan zijn programma te schenken.'[64] Kranten stelden hun lezers gerust dat de nazibeweging 'weldra zou instorten'. En velen meenden dat als 'een antisemitische agitator' werkelijk kanselier zou worden, hij 'uiteraard dit soort vulgariteit van zich af zou werpen'.

Onheilspellende voortekenen stapelden zich op. Groepen agressieve jongemannen dicht bij de Duitse grens 'verkondigden hun evangelie vergezeld van dreigementen dat eenieder die zich niet meteen aansloot, daar later voor zou moeten boeten'.[65] En de ondergrondse scheuren en spleten tussen de klassen en rassen, die het tijdperk van de verzoening zo ijverig had dichtgestopt, braken weer open en 'dijden weldra uit tot afgronden en kloven'.

Maar de nazi's hoedden zich er wel voor hun doelstellingen al meteen in volle omvang uit de doeken te doen. 'Ze testten hun methode zorgvuldig uit: slechts een kleine dosis om mee te beginnen, dan een korte pauze. Slechts één enkele pil tegelijk en dan een moment wachten om te kijken hoe sterk het effect was' – om te zien of de mensen en 'het geweten van de wereld deze dosis nog zouden slikken'.[66]

En, schreef Zweig, omdat mensen hun gewone leventje, hun dagelijkse routine en gewoonten liever niet wilden opgeven, wilden ze niet geloven in welk tempo hun vrijheden hun werden afgepakt. De mensen vroegen zich af wat de nieuwe Duitse leider in hemelsnaam 'met geweld kon doordrukken in een staat waarin de wet stevig verankerd was, waar de meerderheid in het parlement tegen hem was, en waar elke burger geloofde dat zijn vrijheid en gelijke rechten beschermd werden door de plechtig vastgelegde grondwet' – deze uitbarsting van krankzinnigheid, hielden ze zichzelf voor, 'kon in de twintigste eeuw niet blijven voortduren'.[67]

2

DE NIEUWE CULTUUROORLOGEN

De dood van de objectiviteit[1] *'ontslaat me van de verplichting het bij het rechte eind te hebben'. Hij 'eist alleen maar dat ik interessant ben'.*

– Stanley Fish

In een vooruitziend artikel uit 2005 schreef David Foster Wallace dat de uitbreiding van nieuwskanalen – in druk, op televisie en online – een 'caleidoscoop van informatiekeuzes'[2] had gecreëerd. Volgens Wallace was een van de ironische bijkomstigheden van dit vreemde medialandschap, dat aan de wieg stond van een sterke uitbreiding van ideologische nieuwskanalen (waaronder heel veel aan de rechterzijde, zoals Fox News en *The Rush Limbaugh Show*), dat het 'precies het soort relativisme' creëerde 'dat culturele conservatieven afkraken, een soort gratis toegankelijk epistemologisch gevecht waarin "de waarheid" volledig een kwestie van perspectief en de eigen agenda is'.[3]

Deze woorden werden ruim een decennium voor de verkiezingen van 2016 geschreven. Ze voorspellen op griezelige wijze het post-Trump culturele landschap, waarin de waarheid in toenemende mate bepaald lijkt te worden door de beschouwer, feiten inwisselbaar en sociaal geconstrueerd zijn, en we vaak het gevoel hebben alsof we in een wereld zijn beland die op zijn kop staat, en waarin opvattingen en verbanden die al decennia een vaste plek hadden, plotseling binnenstebuiten zijn gekeerd.

De Republikeinse Partij[4] (ooit een bastion van Koude-Oorlogskemphanen) en Trump, die campagne voerde als vaandeldrager van orde en gezag, bagatelliseren de gevaren van de Russische inmenging in de Amerikaanse verkiezingen. Leden van de 'Grand Old Party' (GOP) in het Congres spreken in dit verband over intriges binnen de FBI en het ministerie van Justitie. Net als sommige aanhangers van de tegencultuur in de jaren '60 moeten veel van deze nieuwe Republikeinen niets hebben van rationaliteit en wetenschap. Tijdens de eerste ronde van de cultuuroorlogen verwierpen veel aanhangers van nieuw links de idealen van de Verlichting als rudimenten van de oude patriarchale en imperialistische manier van denken. Tegenwoordig worden dit soort redelijkheids- en vooruitgangsidealen door de rechterzijde aangevallen als onderdeel van een liberaal complot om traditionele waarden te ondermijnen of als verdachte signalen van *eastern-corridor*-elitisme van intellectuelen. Paranoia over de regering is trouwens in toenemende mate verschoven van links – dat het militair-industriële complex verantwoordelijk hield voor Vietnam – naar rechts, met alt-righttrollen en Republikeinse Congresleden die de zogenaamde deep state beschuldigen van complotten tegen de president.

De Trump-campagne presenteerde zichzelf als een opstandige, revolutionaire kracht die streed uit naam van zijn gemarginaliseerde achterban. Hierbij bediende ze zich op achterbakse wijze van een taal die op een rare manier deed denken aan het taalgebruik van radicalen in de jaren '60 van de twintigste eeuw. 'Wij proberen het complot van de rijke geldschieters, de grote bedrijven en de mediamanagers onderuit te halen,' verklaarde Trump tijdens een verkiezingsbijeenkomst.[4] En tijdens een andere riep hij op tot vervanging van dit 'mislukte en corrupte politieke establishment'.[5]

Nog ironischer is dat populistisch rechts zich postmodernistische argumenten heeft toegeëigend en de filosofische verwerping van de objectiviteit heeft omarmd – denkrichtingen die decennialang verbonden waren met links en de zeer elitaire academische kringen die door Trump en de zijnen geminacht worden. Waarom zouden we ons druk maken over deze vaak mysterieus klinkende argumenten uit de academische wereld? We mogen veilig aannemen dat Trump zich nimmer door de werken van Derrida, Baudrillard of Lyotard heeft heen geworsteld (zo hij al ooit van hen gehoord heeft), en postmodernisten kan men moeilijk de schuld geven van al het zweverige nihilisme dat in het land rondwaart. Maar enkele versimpelde uitvloeisels van hun denken zijn de populaire cultuur binnengesijpeld en gegijzeld door de verdedigers van de president, die de relativistische argumenten willen gebruiken om zijn leugens te vergoelijken, en door rechtse lieden die de evolutie in twijfel willen trekken of het bestaan van klimaatverandering willen ontkennen, of alternatieve feiten de wereld in helpen. Zelfs Mike Cernovich, de beruchte alt-righttrol en complottheoreticus, sleepte het postmodernisme erbij in een interview in 2016 met *The New Yorker*: 'Luister, ik heb colleges postmoderne theorie gevolgd aan de universiteit. Als alles een narratief is, hebben we behoefte aan alternatieven voor het dominante narratief,' zei hij, en hij voegde eraan toe: 'Ik zie er niet uit als een type dat Lacan leest, of wel?'[6]

Sinds de jaren '60 van de twintigste eeuw is het geloof in instituties en officiële narratieven steeds verder afgebrokkeld. Een deel van dit scepticisme was noodzakelijk als correctie – een rationele respons op de rampzalige oorlogen in Vietnam en Irak, op Watergate en de financiële crisis van 2008, en op de culturele vooroordelen die lange tijd alles overwoekerden, van de geschiedenisles op de lagere school tot aan de ongerechtigheden die het gerechtelijk stelsel aankleefden. Maar de bevrijdende democratisering van informatie, mogelijk gemaakt door internet, leidde niet alleen tot adembenemende innovatie en ondernemerschap, maar ook tot een lawine van desinformatie en relativisme, zoals te zien is aan de huidige nepnieuwsepidemie.

Hoofdoorzaak van de afbraak van officiële narratieven in de academische wereld was de samenvloeiing van ideeën, die alle konden worden gerangschikt onder de brede paraplu van het postmodernisme dat in de tweede helft van de twintigste de Amerikaanse universiteiten bereikte via Franse theoretici als Foucault en Derrida (wier ideeën op hun beurt teruggingen op de Duitse filosofen Heidegger en Nietzsche). In literatuur, film, architectuur, muziek en schilderkunst zouden postmoderne concepten (die een bom legden onder de traditionele vormen van het vertellen van verhalen en die grenzen tussen genres en tussen de populaire cultuur en de 'hoge' kunst slechtten) emanciperend blijken te zijn en in sommige gevallen transformerend, met als resultaat een grote verscheidenheid aan innovatieve werken van kunstenaars als Thomas Pynchon, David Bowie, de gebroeders Coen, Quentin Tarrantino, David Lynch, Paul Thomas Anderson en Frank Gehry. Maar toen postmoderne theorieën werden losgelaten op de sociale wetenschappen en de geschiedwetenschap, resulteerde dit onvermijdelijk in allerlei filosofische implicaties – bedoeld of onbedoeld – die uiteindelijk hun weerslag hadden op onze hele cultuur.

Er zijn veel verschillende vertakkingen van het postmodernisme en veel verschillende interpretaties ervan, maar zeer in het algemeen ontkennen postmodernistische redeneringen dat er een objectieve werkelijkheid bestaat die onafhankelijk is van de menselijke perceptie, en voeren ze aan dat kennis gefilterd wordt door de prisma's klasse, ras, gender en andere variabelen. Met het verwerpen van het bestaan van een objectieve werkelijkheid en het vervangen van het concept waarheid door concepten van perspectief en positie, creëerde het postmodernisme een altaar voor het principe van de subjectiviteit. Taal wordt gezien als onbetrouwbaar en onstabiel (onderdeel van de onoverbrugbare kloof tussen wat gezegd wordt en wat bedoeld wordt), en zelfs het hele idee dat mensen handelen als volledig rationele, autonome individuen wordt onderuitgehaald, aangezien ieder van ons bewust of onbewust gevormd is door een bepaalde tijd en cultuur.

Weg met het idee van consensus. Weg met het gezichtspunt dat geschiedenis een lineair verhaal is. Weg met grote universele of transcendente metaverhaallijnen. De Verlichting wordt door veel postmodernisten ter linkerzijde bijvoorbeeld verworpen als een hegemoniale of eurocentrische opvatting van de geschiedenis, bedoeld om kolonialistische of kapitalistische ideeën van rede en vooruitgang te promoten. Het christelijke verhaal over de verlossing wordt eveneens verworpen, evenals de marxistische weg naar een communistisch Utopia. In de ogen van sommige postmodernisten, zo merkt wetenschapper Christopher Butler op, kunnen zelfs argumenten van wetenschappers 'gezien worden als niets meer dan quasinarratieven die met alle andere wedijveren om aanvaard te worden. Ze zijn niet op een unieke of betrouwbare manier van toepassing op de wereld, corresponderen niet honderd procent met de werkelijkheid. Ze zijn slechts een andere vorm van fictie.'[7]

Het overvloeien van postmoderne ideeën uit de academische wereld naar de politieke mainstream kan dienen als geheugensteuntje voor hoe de cultuuroorlogen – zoals de luidruchtige debatten over ras, religie, sekse en onderwijsprogramma's in de VS in de jaren '80 en '90 van de twintigste eeuw werden genoemd – op onverwachte manieren gemuteerd zijn. De terroristische aanslagen van 11 september en de financiële crisis van 2008 hadden deze debatten naar de zijlijn verdreven, zo werd gedacht, en gedurende de tweede ambtstermijn van Barack Obama bestond de hoop dat de cultuuroorlogen in hun kwaadaardigste vorm zouden uitdoven. Gezondheidszorgwetgeving, het Klimaatakkoord van Parijs, een stabiliserende economie na de crash van 2008, het homohuwelijk, pogingen om de ongelijkheden binnen het strafrechtelijk systeem aan te pakken: hoewel een grote hoeveelheid wezenlijke hervormingen nog op de plank bleef liggen, geloofden veel Amerikanen dat het land in ieder geval een progressieve koers was gaan varen.

In zijn boek *A War for the Soul of America* (2015) schrijft historicus Andrew Hartman dat de traditionalisten die 'zich verzetten tegen de culturele veranderingen die in de jaren '60 in gang werden gezet' en die 'zich identificeerden met het normatieve amerikanisme van de jaren '50'[8] de cultuuroorlogen van de jaren '80 en '90 verloren leken te hebben. In de twintigste eeuw, schrijft Hartman, accepteert 'een groeiende meerderheid van de Amerikanen inmiddels wat indertijd een nieuwe natie leek en omarmt die zelfs. In dat licht bezien zouden de cultuuroorlogen aan het einde van de twintigste eeuw begrepen moeten worden als een aanpassingsperiode. Het land worstelde met culturele verandering, om zich eraan aan te passen. De cultuuroorlogen dwongen Amerikanen, zelfs conservatieve Amerikanen, veranderingen in het Amerikaanse leven te erkennen. En hoewel die erkenning zich dikwijls in de vorm van afwijzing manifesteerde, was dit ook de eerste stap om erin te berusten of ze zelfs zonder meer te accepteren.'

Gebleken is dat deze optimistische inschatting uiterst prematuur was, net zoals dit het geval was met het essay uit 1989 van Francis Fukuyama, 'The End of History' (waarin betoogd wordt dat met de ineenstorting van het Sovjet-communisme de liberale democratie had getriomfeerd en dat deze 'de uiteindelijke regeringsvorm van de mensheid'[9] zou worden). Een Freedom House-rapport concludeerde dat 'terwijl populistische en nationalistische krachten belangrijke winsten boeken in democratische staten, 2016 het elfde achtereenvolgende jaar was van afname van de mondiale vrijheid'.[10] En in 2017 zei Fukuyama zich zorgen te maken over 'een langzame uitholling van instituties' en democratische normen onder president Trump; vijfentwintig jaar eerder, zei hij, 'had hij geen inzicht in of theorie over hoe democratieën achteruit kunnen gaan', maar nu realiseerde hij zich dat ze dat 'klaarblijkelijk kunnen'.[11]

Wat de cultuuroorlogen betreft: die keerden in alle hevigheid terug. Starre segmenten van de Republikeinse achterban – de Tea Party, 'birthers', rechtse *evangelicals*, blanke nationalisten – waren gezamenlijk in het geweer gekomen tegen president Obama en diens beleid. Trump stookte, als presidentskandidaat en ook als president, het vuurtje van deze sociale en politieke verdeeldheid op, niet alleen om zijn achterban op te hitsen, maar ook om de aandacht af te leiden van zijn beleidsfouten en talrijke schandalen.[12] Hij buitte de splitsing op basis van partijen in de Amerikaanse samenleving uit door in te spelen op de angst van blanke middenklassekiezers die zich zorgen maakten over een veranderende wereld, en voorzag hen van de zondebokken van zijn keuze – immigranten, Afro-Amerikanen, vrouwen, moslims – als doelwit voor hun woede. Het is geen toeval dat

Russische trollen – die zich inzetten om Trump gekozen te laten worden en het vertrouwen in het democratische systeem van de VS te ondermijnen – tegelijkertijd ook bezig waren de verdeeldheid tussen de Amerikanen nog groter te maken, gebruikmakend van nep-sociale media. Zo bleek dat Russische trollen een bedrieglijk Facebook-account gebruikten, 'Heart of Texas' genaamd, om in mei 2016 een protestbeweging in gang te zetten, getiteld 'Stop de islamisering van Texas' en tegelijkertijd via een ander bedrieglijk Facebook-account, 'United Muslims of America' genaamd, een tegenprotest te organiseren.[13]

Enkele van de welsprekendste critici van Trumps politiek van angst en verdeeldheid waren conservatieven als Steve Schmidt, Nicolle Wallace, Joe Scarborough, Jennifer Rubin, Max Boot, David Frum, Bill Kristol, Michael Gerson en de Republikeinse senatoren John McCain en Jeff Flake. Maar het grootste deel van de GOP schaarde zich achter Trump en rationaliseerde diens leugens, minachting voor deskundigheid en minachting voor veel van de belangrijkste idealen die aan de stichting van Amerika ten grondslag lagen. Voor dergelijke mensen, die Trump in staat stelden zijn gang te gaan, ging de partij boven alles: boven moraliteit, nationale veiligheid, fiscale verantwoordelijkheid, gezond verstand en gewoon fatsoen. Na verhalen over de affaire die Trump met pornoster Stormy Daniels zou hebben gehad, schoten *evangelicals* hem te hulp: Jerry Falwell jr. zei dat 'al die dingen van jaren geleden waren'[14] en Tony Perkins, de president van de rechtse christelijke Family Research Council, zei dat hij en zijn aanhangers bereid waren Trump zijn privégedrag te vergeven.[15]

Een ironische ontwikkeling, gezien de positie die de conservatieven tijdens de eerste golf van de cultuuroorlogen in de jaren '80 en '90 innamen. Indertijd waren het de conservatieven die zich opwierpen als beschermers van traditie, expertise en de heerschappij der wet, stelling nemend tegen wat zij toen zagen als het verval van de rede en afwijzing van westerse waarden. In zijn boek *The Closing of the American Mind* (1987) trekt hoogleraar politieke filosofie Allan Bloom van leer tegen relativisme en veroordeelt hij de campusprotesten uit de jaren '60 waarbij, zo zegt hij, 'betrokkenheid diepzinniger dan wetenschap werd gevonden, passie [diepzinniger] dan de rede'.[16] En wetenschapper Gertrude Himmelfarb waarschuwde dat het schrijven en onderwijzen van geschiedenis gepolitiseerd was door een nieuwe generatie postmodernisten: door het verleden te bekijken door de lens van variabelen als *gender* en ras, stelde zij, impliceerden postmodernisten niet alleen dat alle waarheden contingent zijn, maar ook dat 'het niet alleen futiel, maar ook ronduit verderfelijk is om ze na te streven'.[17]

Sommige critici trachtten de pluralistische impulsen van het multiculturalisme op één hoop te gooien met de argumenten van radicale postmodernisten die spotten met alleen al de gedachte dat geschiedenis op een eerlijke manier te onderwijzen (of te schrijven) zou zijn. Het multiculturalisme bood een cruciaal tegengif tegen de traditionele verhalen waarin het Amerikaanse exceptionalisme en het westerse triomfalisme de boventoon voeren, door de ooit zo smalle toegangspoorten tot de geschiedenis te openen voor de stemmen van vrouwen, Afro-Amerikanen, inheemse Amerikanen, immigranten en andere voorheen in de marge gedrukte groepen. Het multiculturalisme accentueerde de onvolledigheid van veel geschiedschrijving, zoals Joyce Appleby, Lynn Hunt en Margaret Jacob in hun messcherpe, broodnuchtere boek *Telling the Truth About History* betoogden, en maakte een inclusiever, meerstemmiger perspectief mogelijk. Maar ze waarschuwden ook dat extreme gezichtspunten konden leiden tot het gevaarlijk bekrompen geloof dat 'kennis over het verleden niet meer is dan een ideologische constructie die ten doel heeft bepaalde belangen te dienen, waardoor geschiedenis een reeks mythen wordt die groepsidentiteiten vestigen of versterken'.[18]

Ook de (natuur)wetenschap werd aangevallen door radicale postmodernisten die stelden dat wetenschappelijke theorieën sociale constructies zijn: ze worden ingegeven door de identiteit van de persoon die de theorie poneert en de waarden van de cultuur waarin ze gevormd worden; dus kan de wetenschap zich onmogelijk beroepen op neutraliteit of op universele waarheden.

'De postmoderne visie past goed bij de ambivalente houding tegenover de wetenschap die ontstond na de bom en tijdens de Koude Oorlog,' schrijft Shawn Otto in *The War on Science*. Onder de naar links neigende academici van de afdelingen geesteswetenschappen aan de universiteiten, vervolgt hij, 'begon de bètawetenschap gezien te worden als het domein van een agressieve, op de zakenwereld gerichte, rechtse machtsstructuur – vervuilend, gevoelloos, hebzuchtig, mechanistisch, seksistisch, racistisch, imperialistisch, homofoob, onderdrukkend, intolerant. Een harteloze ideologie die zich nauwelijks iets gelegen liet liggen aan het spirituele of holistische welzijn van onze ziel, ons lichaam, of onze Moeder Aarde.'[19]

Het was, uiteraard, belachelijk te beweren dat de culturele achtergrond van een onderzoeker verifieerbare wetenschappelijke feiten kon beïnvloeden; zoals Otto het bondig omschrijft: 'Atmosferische CO_2 is en blijft hetzelfde, of de wetenschapper die deze meet nu een Somalische vrouw is of een Argentijnse man.'[20] Maar dergelijke postmodernistische argumenten zouden de weg vrijmaken voor lieden die heden ten dage tegen vaccinatie zijn of ontkennen dat de aarde aan het opwarmen is, die weigeren de consensus onder een overweldigende meerderheid van wetenschappers te accepteren.

Zoals op nog veel meer terreinen zag Orwell de gevaren van deze manier van denken al decennia geleden. In een essay uit 1943 schrijft hij: 'Eigenaardig aan onze eigen periode is dat de gedachte dat geschiedenis op een waarachtige wijze zou kunnen worden geschreven, wordt losgelaten. In het verleden logen mensen opzettelijk, of gaven onbewust een verkeerde draai aan wat ze neerschreven, of worstelden om de waarheid vast te stellen, zich terdege bewust van het feit dat ze wel fouten moesten maken; maar hoe dan ook geloofden ze dat "feiten" bestonden en in meerdere of mindere mate aantoonbaar waren.'

'Juist deze algemene basis van overeenstemming,' vervolgt hij, 'met als implicatie dat mensen allemaal tot dezelfde diersoort behoren, wordt door het totalitarisme vernietigd. De nazistische theorie ontkent zelfs specifiek dat zoiets als "de waarheid" bestaat. Zo bestaat er niet iets als "wetenschap". Alleen "Duitse wetenschap", "Joodse wetenschap" enzovoort bestaan.' Wanneer de waarheid zo gefragmenteerd raakt, zo relatief wordt, merkt Orwell op, komt de weg vrij voor een 'leider, of een heersende kliek', die dicteert wat geloofd moet worden: 'Als de leider over een bepaalde gebeurtenis zegt: "Het is nooit gebeurd" – nou, dan is het nooit gebeurd.'[21]

Mensen die probeerden eclatant verwerpelijke theorieën op te poetsen – of, in het geval van Holocaust-revisionisten hele hoofdstukken uit de geschiedenis wit te wassen – maakten misbruik van het postmodernistische argument dat alle waarheden partijdig zijn. Deconstructivistische geschiedenis, zo merkt historica Deborah E. Lipstadt op in *Denying the Holocaust*, heeft 'het potentieel om de manier waarop de gevestigde waarheid van generatie op generatie wordt doorgegeven drastisch te veranderen'. En kan een intellectueel klimaat kweken waarin 'geen feit, geen gebeurtenis en geen facet van de geschiedenis een vaststaande betekenis of inhoud heeft. Elke waarheid kan herverteld worden. Elk feit kan herzien worden. Er bestaat geen ultieme historische werkelijkheid.'[22]

Het postmodernisme verwierp niet alleen alle metanarratieven, maar benadrukte ook dat taal instabiel is. Jacques Derrida, een van de grondleggers van het postmodernisme – in de jaren '70 en '80 zou hij een sterrenstatus verwerven aan Amerikaanse universiteiten, grotendeels dankzij discipelen als Paul de Man en J. Hillis Miller – gebruikte het woord 'deconstructie' om het soort tekstanalyse te beschrijven waartoe hij de aanzet gaf en dat niet alleen van toepassing zou zijn op literatuur, maar ook op geschiedschrijving, architectuur en de sociale wetenschappen.

Deconstructie had als uitgangspunt dat alle teksten instabiel en onherleidbaar complex zijn en dat er eindeloos variabele betekenissen door lezers en waarnemers aan worden toegedicht. Door de aandacht met name te richten op de mogelijke tegenstellingen en dubbelzinnigheden in een tekst (en dergelijke argumenten te verpakken in opzettelijk verward en pretentieus proza) mondde deconstructie uit in een extreem relativisme waarvan de implicaties uiteindelijk nihilistisch waren: alles kon van alles betekenen; de intentie van een auteur deed er niet toe, was feitelijk onnaspeurbaar; er bestond niet zoiets als een voor de hand liggende, met gezond verstand te doorgronden lezing, omdat alles oneindig veel betekenissen had. Kortom, er bestond niet zoiets als waarheid.

Zoals David Lehman in zijn scherpzinnige boek *Signs of the Times* laat zien, werden de ergste verdenkingen van critici van deconstructie bevestigd toen het Paul de Man-schandaal in 1987 losbarstte en deconstructivistische rationalisaties werden ingezet om te verdedigen wat onverdedigbaar was.[23]

De Man, professor aan Yale en een van de stralendste sterren van deconstructie, had zich in academische kringen een bijna cultachtige aanhang verworven. Studenten en collega's beschreven hem als een briljante, charismatische, charmante geleerde die gevlucht was uit nazi-Europa, waar hij, zo liet hij doorschemeren, bij het Belgische verzet had gezeten.[24] Uit de biografie die Evelyn Barish over hem schreef, *The Double Life of Paul de Man*, kwam een heel ander beeld naar voren, dat van een doorgewinterde bedrieger: een opportunist, bigamist en verderfelijke narcist die in België veroordeeld was wegens fraude, oplichting en het vervalsen van dossiers.[25]

Het meest onthutsende nieuws over hem kwam

in 1987 naar buiten,[26] vier jaar na zijn dood: een jonge Belgische onderzoeker ontdekte dat De Man tijdens de Tweede Wereldoorlog ten minste honderd artikelen had geschreven voor een pro-nazistisch Belgisch blad, *Le Soir* – een krant die een virulent antisemitisme omarmde en in een redactioneel commentaar onder andere verklaarde dat 'we vastbesloten zijn onszelf van kruising met hen [Joden] te onthouden en onszelf spiritueel te bevrijden van hun demoraliserende invloed in het rijk van de filosofie, literatuur en de kunsten'.[27]

In het beruchtste van zijn artikelen voor *Le Soir* beweert De Man dat 'Joodse schrijvers altijd al tweederangs zijn geweest' en daardoor geen 'belangrijke invloed' op de ontwikkeling van de bestaande Europese beschaving hadden kunnen uitoefenen. 'Dus kan men begrijpen,' schrijft hij, 'dat een oplossing voor het Joodse probleem die zou leiden tot het vormen van een van Europa geïsoleerde Joodse kolonie, voor het literaire leven van het Westen geen betreurenswaardige consequenties zou hebben. Het zou, al met al, enkele persoonlijkheden van middelmatige waarde verliezen en zou net als in het verleden voortgaan om zich volgens zijn hogere evolutiewetten te ontwikkelen.'[28]

Terwijl het nieuws over de alarmerende collaborerende geschriften van De Man de academische wereld overspoelde, vroegen sommige geleerden zich af of De Mans schandelijke en geheime verleden de inspiratie had gevormd voor zijn theorieën over deconstructie – bijvoorbeeld zijn bewering dat 'het in aanmerking nemen van het actuele en historische bestaan van schrijvers tijdverspilling is'.[29]

Nog verontrustender waren pogingen van sommige verdedigers van De Man, zoals Derrida, om de principes van deconstructie te gebruiken om De Mans antisemitische geschriften goed te praten, door te suggereren dat zijn woorden feitelijk ondergroeven wat ze leken te betekenen of dat er te veel dubbelzinnigheid aan zijn woorden kleefde om er een morele verantwoordelijkheid aan te koppelen.[30]

Een bewonderaar van De Man, door Lehman geciteerd, probeerde aan te voeren dat De Mans opmerkingen over Joodse schrijvers een geval waren van 'ironie' die niet aansloeg; hij beweerde dat de toon van het essay er een was van 'onbevooroordeelde spot in alle gedeelten die over de Joden gaan, en het voorwerp van de spot duidelijk niet de Joden zijn maar de antisemieten'. De schrijver suggereerde met andere woorden dat De Man precies het tegenovergestelde had bedoeld van wat er in zijn artikelen in *Le Soir* te lezen stond.[31]

Hoewel deconstructivisten dol zijn op het bezigen van proza dat vergeven is van jargon en van eigenzinnige grammaticale acrobatiek, lijken sommige begrippen die ze gebruiken – zoals de 'onbepaaldheid van teksten', 'alternatieve manieren van kennen' en de 'linguïstische instabiliteit' van taal – pretentieuze versies te zijn van frasen die Trump-medewerkers recent hebben gebruikt om diens leugens, koerswijzigingen en valse beloften te vergoelijken. Voorbeeld: een vertegenwoordiger van Trump, die tegen een adviseur van de Japanse premier, Shinzo Abe, zei dat ze niet 'elk woord dat de heer Trump in het openbaar zei letterlijk hoefden te nemen'.[32] En nog een: een voormalige campagnemanager, Corey Lewandowski, die vertelde wat het probleem met de media was: 'Jullie namen alles wat Trump zei zo letterlijk. Het Amerikaanse volk niet.'[33]

3

'IKKE' EN DE OPKOMST VAN DE SUBJECTIVITEIT

Onze subjectiviteit is zó compleet de onze.

– Spike Jonze[1]

Parallel aan de opkomst van het postmodernisme in de academische wereld bloeide in de jaren '70 van de twintigste eeuw 'de cultuur van het narcisme' zoals Christopher Lasch het noemde, en wat Tom Wolfe op memorabele wijze aanduidde als het 'Ik-Tijdperk' – een vloedgolf van navelstaarderij, zelfbevrediging en honger naar aandacht, die deze twee auteurs aan zeer verschillende oorzaken toeschreven.

Lasch zag narcisme als een verdedigingsreactie op sociale verandering en instabiliteit: voortdurend aan zichzelf denken in een vijandige, bedreigende wereld. In zijn boek *The Culture of Narcissism* (1979) betoogt hij dat Amerika was gaan lijden aan een cynische 'ethiek van zelfbehoud en psychisch overleven'[2] – een symptoom van een land dat worstelde met de nederlaag in Vietnam, een groeiende pessimistische stemming, een massamediacultuur die zich concentreerde rond glamour en roem, en centrifugale krachten die de rol van het gezin bij de overdracht van cultuur deden krimpen.

De narcistische patiënt die in toenemende mate emblematisch was geworden voor dit tijdperk van egocentrisme, schrijft Lasch, ervoer dikwijls 'intense woedegevoelens', 'een gevoel van innerlijke leegte, fantasieën van almacht en een sterk geloof in [zijn] recht om anderen uit te buiten'; zo'n patiënt is misschien 'chaotisch en uiterst impulsief', 'hunkert naar aandacht, maar veracht degenen die hij manipuleert om hem die te geven' en is geneigd zich 'eerder uit angst voor straf dan uit schuldbesef' aan sociale regels te houden.[3]

In tegenstelling tot Lasch zag Tom Wolfe de explosieve toename van 'Ik, ik, ik...' in de jaren '70 als een veel blijere, meer hedonistische ontwikkeling – een daad van klassenbevrijding, in gang gezet door de grote economische bloei na de oorlog, waardoor de arbeiders en de middenklasse de vrije tijd en genoeg inkomen kregen om zich te wijden aan het soort ijdele activiteiten dat voorheen aan de aristocratie was voorbehouden – het 'herscheppen, opnieuw modelleren, verheffen en polijsten' van het glorieuze zelf.[4]

In de eenentwintigste eeuw zouden de economische tijden er een stuk minder rooskleurig uit gaan zien, maar het egocentrisme dat Wolfe en Lasch beschreven, zou een blijvend kenmerk blijken van het westerse leven, van het 'ik-decennium' – de jaren '70 – tot het 'selfie'-tijdperk van Kim en Kanye. De sociale media versnelden ook nog eens wat professor Tim Wu van de Columbia Law School omschreef als 'het pronkende zelf' en de drang 'de aandacht van anderen te vangen met het schouwspel van jezelf'.[5]

De omhelzing van de subjectiviteit ging gepaard met het verzwakken van de objectieve waarheid: meer waarde hechten aan meningen dan aan kennis, aan gevoelens dan aan feiten – een ontwikkeling die de opkomst van Trump weerspiegelde en hielp bevorderen.

Drie voorbeelden. Nummer 1: Aan Trump, die ervan beschuldigd was zijn rijkdom te overdrijven, werd in 2007 tijdens zijn getuigenis onder ede op last van de rechter de vraag gesteld wat zijn netto vermogen was. Hij antwoordde dat het ervan afhing: 'Mijn nettowaarde fluctueert, en gaat op en neer met markten en met zienswijzen en met gevoelens, zelfs mijn eigen gevoelens.' Hij voegde eraan toe dat het afhing van zijn 'opvattingen op het moment dat de vraag gesteld zou worden'.[6]

Nummer 2: Op de vraag of hij Vladimir Poetin vragen had gesteld over Russische inmenging in de verkiezingen antwoordde Trump: 'Ik geloof dat hij vindt dat hij en Rusland zich niet in de verkiezingen hebben gemengd.'[7]

Nummer 3: Tijdens de Republikeinse Nationale Conventie in 2016 informeerde CNN-presentator Alisyn Camerota bij Newt Gingrich naar Trumps duistere, nativistische *law-and-order*-toespraak, waarin hij Amerika ten onrechte afschilderde als een land waarin geweld en misdaad aan de orde van de dag waren. Daarop werd ze op scherpe toon terechtgewezen door de voormalige voorzitter van het Huis van Afgevaardigden. 'Ik begrijp uw zienswijze,' zei Gingrich. 'De huidige zienswijze is dat de *liberals* een heel scala aan statistieken hebben die theoretisch misschien kloppen, maar zo zitten mensen niet in elkaar. Mensen zijn bang. Mensen hebben het gevoel dat hun regering hen in de steek heeft gelaten.'

Camerota wees hem erop dat de misdaadcijfers geen linkse cijfers waren, maar afkomstig waren van de FBI.

Daarop vond de volgende uitwisseling plaats:

GINGRICH: Nee, maar wat ik zei, is net zo waar. Mensen voelen het.

CAMEROTA: Ze voelen het, ja, maar de feiten ondersteunen het niet.

GINGRICH: Als politiek kandidaat hou ik het bij hoe mensen zich voelen en dan houdt u het wat mij betreft bij de theoretici.[8]

De neiging van Amerikanen om zich, op kortzichtige wijze, te concentreren op wat henzelf bezighoudt – soms met verwaarlozing van hun verantwoordelijkheden als burger – is niet geheel nieuw. In *Democracy in America*, geschreven meer dan anderhalve eeuw voordat mensen Facebook en Instagram gingen gebruiken om selfies te posten en internet ons onderbracht in silo's van gelijkgestemden, merkte Alexis de Tocqueville op dat Amerikanen geneigd waren zich terug te trekken in 'kleine particuliere gemeenschappen, verenigd door vergelijkbare omstandigheden, gewoonten en gebruiken' om 'zich onder te dompelen in de vreugden van het privéleven'.[9] Hij maakte zich zorgen dat deze gerichtheid op zichzelf afbreuk zou doen aan het besef verplichtingen te hebben jegens de grotere gemeenschap, waardoor de weg vrijgemaakt zou worden voor een soort zachtzinnig despotisme van de kant van de bestuurders van het land – macht die niet tiranniseert, maar 'een volk samendrukt, krachteloos maakt, tot zwijgen brengt en afstompt' tot het uiteindelijk 'gereduceerd [is] tot niets beters dan een kudde timide, ijverige dieren, met de regering als herder'. Dit was mogelijk een prijs voor een materialistische samenleving, voorspelde hij, waarin mensen er zo op gericht zijn 'de minderwaardige, nietige genoegens waarmee ze hun leven overladen' na te jagen, dat ze hun verantwoordelijkheid als burger uit het oog verliezen; het viel moeilijk voor te stellen, schreef hij, hoe dergelijke mensen, die 'de gewoonte van zelfbestuur volledig hebben opgegeven erin moeten slagen de juiste keuze te maken voor degenen door wie ze geregeerd zullen gaan worden'.

Halverwege de twintigste eeuw piekte het streven naar zelfvervulling zowel binnen de tegencultuur als binnen het establishment. Nog voor de opkomst van het Esalen Institute, EST-trainingen en de encountergroepen die hippies en new-age-aanhangers op zoek naar bewustzijnsverruiming in de jaren '60 en '70 aantrokken, waren er twee invloedrijke figuren met zelfverwerkelijkingsdoctrines die materialistischer waren, en die meer aantrekkingskracht uitoefenden op politici en voorstedelijke Rotaryleden. Norman Vincent Peale, auteur van de zelfhulpbestseller *The Power of Positive Thinking* uit 1952 – die als uitventer van het welvaartsevangelie de bijnaam 'Gods verkoper' kreeg – werd bewonderd door Trumps vader Fred, en de jongere Trump zoog de leer van de celebrity-pastor over zelfvervulling en de kracht van de geest als middel om een eigen realiteit te creëren in zich op.[10] 'Elke realiteit waarmee we geconfronteerd worden, hoe moeilijk ook of zelfs schijnbaar uitzichtloos, is minder belangrijk dan de houding die we ertegenover aannemen,' schreef Peale, waarmee hij behalve de doctrine van succes ook die van ontkenning leek te promoten. 'Een zelfverzekerd en optimistisch denkpatroon kan de realiteit veranderen of compleet tenietdoen.'[11]

Ayn Rand, ook door Trump bewonderd[12] (door de jaren heen heeft hij *The Fountainhead* als een van zijn weinige favoriete boeken genoemd[13]) verwierf een loyale aanhang onder verscheidene generaties politici (onder wie Paul Ryan, Rand Paul, Ron Paul en Clarence Thomas) met haar transactionele kijk op de wereld, haar gelijkstelling van succes aan deugd, en haar trotse omarming van ongebreideld kapitalisme. Haar argument dat egocentrisme een morele verplichting is, dat 'het hoogste morele streven' van de mensheid 'het streven naar zijn eigen geluk' is, paste uitstekend bij

Trumps eigen nulsom-visie op de wereld en zijn ongebreidelde narcisme.[14]

Terwijl het Westen zich stampend en slingerend een weg baande door de culturele omwentelingen van de jaren ’60 en ’70 en hun nasleep, worstelden kunstenaars met het probleem hoe ze deze verbrokkelende realiteit moesten weergeven. Sommige schrijvers, zoals John Barth, Donald Barthelme en William Gass schiepen zelfbewuste, postmodernistische fictieve werkelijkheden waarbij meer nadruk werd gelegd op vorm en taal dan op de conventionele manier van verhalen vertellen. Anderen kozen voor een minimalistische benadering en schreven bondige, kernachtige verhalen die wedijverden met de puntige compactheid van Raymond Carver. En terwijl het streven naar algemenere waarheden in de academische wereld steeds verder uit de gratie raakte en het dagelijks leven steeds meer ankers leek kwijt te raken, kozen sommige schrijvers ervoor zich op de kleinste, meest persoonlijke waarheden te richten: ze schreven over zichzelf.

De Amerikaanse werkelijkheid was zo verwarrend geworden, schrijft Philip Roth in een essay uit 1961 (1961!), dat het voelde als ‘een soort beschaming van de eigen povere verbeelding’. Dit had erin geresulteerd 'dat de schrijver van fictie de interesse in enkele grotere sociale en politieke verschijnselen van onze tijd vrijwillig achter zich liet', en zich, in zijn eigen geval, terugtrok in de beter kenbare wereld van het zelf.[15]

In een controversieel essay uit 1989 klaagde Tom Wolfe over deze ontwikkelingen; hij treurde om wat hij zag als het ter ziele gaan van het ouderwetse realisme in de Amerikaanse fictie, en spoorde romanschrijvers aan 'dit woeste, bizarre, onvoorspelbare, squaredansende, barokke land van ons te bestormen en weer op te eisen als literair bezit'.[16] Hij probeerde dit zelf in romans als *The Bonfire of the Vanities* en *A Man in Full*, gebruikmakend van zijn ervaring als verslaggever om een scala aan subculturen tot in balzaciaans detail te ontleden. Maar hoewel Wolfe in de jaren '70 een invloedrijk voorvechter van het New Journalism was geweest, trok dit nieuwe manifest maar weinig bekeerlingen in de literaire wereld. Integendeel, schrijvers zo verschillend als Louise Erdrich, David Mitchell, Don DeLillo, Julian Barnes, Chuck Palahniuk, Gillian Flynn en Lauren Groff speelden met kunstgrepen (zoals het meervoudig perspectief, onbetrouwbare vertellers, en met elkaar verweven verhaallijnen) waaraan innovatieve auteurs als Faulkner, Woolf, Ford Madox Ford en Nabokov zich al decennia eerder hadden gewaagd, in een poging de nieuwe Rashomon-achtige werkelijkheid te vangen, waarin de subjectiviteit regeert en, in de infame bewoordingen van voormalig president Bill Clinton, de waarheid 'afhangt van wat de betekenis van het woord "is" is'.[17]

Maar wat Roth 'het pure feit van het zelf' noemde, 'de visie op het zelf als onschendbaar, machtig en koelbloedig, het zelf als het enige echte in een onechte omgeving',[18] zou voor veel schrijvers een terrein blijven waarop ze zich beter thuis voelden. Het zou zelfs, rondom de millenniumwisseling, leiden tot een opmerkelijke opbloei van het schrijven van autobiografieën, waaronder klassiekers als Mary Karrs *The Liars' Club* en Dave Eggers' *A Heartbreaking Work of Staggering Genius* – boeken die de naam van de schrijvers vestigden als twee van de belangrijkste van hun generatie.

De hausse aan autobiografieën en de populariteit van bloggen ten tijde van de millenniumwisseling zouden culmineren in Karl Ove Knausgards zesdelige autobiografische roman, gevuld met zeer gedetailleerde beschrijvingen, onttrokken aan het dagelijks leven van de auteur zelf. Langs die route kwamen ook heel wat egotripperige, zelf-dramatiserende werken langs van andere schrijvers, die beter opgesloten hadden kunnen blijven in hun privédagboek of sociale media-account. De reductio ad absurdum van deze navelstaarderij was James Freys bestseller *A Million Little Pieces*, dat als autobiografie werd aangeprezen, maar op de website The Smoking Gun in januari 2006 werd ontmaskerd als een verzameling 'volledig verzonnen of idioot opgesmukte details over zijn zogenaamde criminele loopbaan, zijn verblijf in gevangenissen en zijn status als outlaw, "gezocht in drie staten"'.[19] Frey, die zijn leven kennelijk dramatiseerde om van zichzelf een criminelere figuur te maken dan hij in werkelijkheid was (vermoedelijk opdat de hierop volgende 'inkeer' als archetypisch genezingsverhaal des te indrukwekkender zou worden), gaf later toe dat 'het meeste' van wat The Smoking Gun-site rapporteerde 'behoorlijk accuraat' was.[20] Sommige lezers, die boos waren omdat hun knollen voor citroenen waren verkocht, vonden Freys boek oplichterij, een verloochening van juist die kwaliteiten – oprechtheid, authenticiteit en openhartigheid – waardoor een autobiografie gekenmerkt diende te worden, maar andere lezers lieten zich weinig gelegen liggen aan het onderscheid tussen feit en fictie: hun respons was een symptoom van het gegeven dat mensen nog nauwelijks moeite hadden met de vervagende grenzen tussen waarheid en bedrog.

Persoonlijke getuigenissen raakten ook in zwang aan de universiteiten, naarmate het concept objectieve waarheid steeds verder uit de gunst raakte en empirisch bewijs, door middel van traditioneel onderzoek vergaard, argwanender werd bekeken. Steeds vaker lieten academische auteurs wetenschappelijke artikelen voorafgaan door uiteenzettingen over hun eigen 'positie': hun ras, religie, gender, achtergrond en persoonlijke ervaringen die hun analyse zouden kunnen beïnvloeden, vertekenen of bekrachtigen. Sommige voorstanders van de nieuwe 'autokritiek' begonnen heuse academische autobiografieën te schrijven, meldde Adam Begley in *Lingua Franca* in 1994, waarbij hij opmerkte dat de autobiografische trend terug te voeren was tot de eerste feministische bewustzijns-verhogende groepen in de jaren '60, en dat deze zich dikwijls 'tegelijk met het multiculturalisme verbreidde: nieuws over minderheidservaringen komt meestal verpakt in de eerste persoon enkelvoud. Hetzelfde geldt voor homostudies en *queer theory*.'[21]

In haar boek *Dedication to Hunger: The Anorexic Aesthetic in Modern Culture* (1996) gebruikt wetenschapper Leslie Heywood gebeurtenissen uit haar eigen leven (zoals haar eigen anorexia en een vernederende relatie met een getrouwde man) om analogieën te trekken tussen anorexia en modernisme, een benadering met als effect dat grote meesterwerken als T.S. Eliots *The Waste Land* gereduceerd worden tot casestudies in antivrouwen-, antidikzijnesthetiek.[22]

Persoonlijke verhalen of agenda's[23] begonnen ook op te duiken in biografieën. Biografieën waren niet langer simpele kronieken van het leven van anderen. In plaats daarvan werden het platforms voor filosofische manifesten (Norman Mailers *Portrait of Picasso as a Young Man*), feministische polemieken (Francine du Plessix Gray's *Rage and Fire*, een portret van Flauberts maîtresse Louise Colet) en deconstructivistische oefeningen (S. Paige Baty's *American Monroe: The Making of a Body Politic*).

Misschien wel de idiootste oefening in het schrijven van een biografie is *Dutch: A Memoir of Ronald Reagan*, een boek uit 1999 van Reagans officiële biograaf, Edmund Morris, een verbijsterende *Ragtime*-achtige puree van feit en fantasie met een fictieve verteller die achtentwintig jaar ouder is dan de echte Morris en die in zijn jeugd door de toekomstige president van de verdrinkingsdood zou zijn gered. In plaats van de uitzonderlijke toegang tot een zittende president en diens persoonlijke papieren te benutten om een gedetailleerd portret te schetsen van de veertigste president (of belangrijke kwesties als het Iran-Contra-schandaal of het einde van de Koude Oorlog uitgebreid onder de loep te nemen), trakteert Morris zijn lezers op goedkope beschrijvingen van zijn fictieve verteller, zijn fictieve familie, en zijn fictieve of semi-fictieve verwachtingen en dromen. Morris koos voor deze benadering, legde hij uit, omdat hij besefte dat 'hij absoluut geen idee had'[24] van zijn onderwerp – waarmee hij de meest fundamentele plicht van een biograaf verzaakte – en vanwege zijn eigen artistieke aspiraties. 'Ik wil literatuur maken van Ronald Reagan,' verklaarde hij. Hij beschreef zijn gebruik van een fictieve verteller ook als 'een vooruitgang in biografische oprechtheid', om de lezer te herinneren aan het subjectieve element dat in alles wat geschreven wordt aanwezig is.

Dit argument deed denken aan de egocentrische redeneertrant van Janet Malcolm, die in *The Silent Woman*, haar uiterst partijdige boek over Sylvia Plath en Ted Hughes uit 1994, suggereerde dat alle biografen haar eigen minachting voor eerlijkheid en objectiviteit delen: een oneerlijke bewering, gezien het feit dat zij niet de moeite nam het materiaal in haar boek zorgvuldig te wegen of te evalueren, maar in plaats daarvan een soort lange fanmail schreef aan Hughes, waarin ze zijn literaire gaven, zijn fysieke aantrekkingskracht en zijn 'hulpeloze eerlijkheid' de hemel in prees. Ze schreef over haar 'tedere gevoel voor Hughes', en hoe ze tijdens het lezen van een van zijn brieven haar 'identificatie met het typen ervan' voelde 'aanzwellen tot intense sympathie en genegenheid voor de schrijver'.[25]

Het postmodernistische argument dat alle waarheden vooringenomen zijn (en voortvloeien uit het eigen perspectief) leidde tot het hieraan verwante argument dat er vele legitieme manieren zijn om een gebeurtenis te begrijpen of te representeren. Dit was bevorderlijk voor een meer egalitair discours en maakte het ook mogelijk dat de stemmen gehoord werden van mensen die voorheen onhoorbaar waren. Maar het werd gelijktijdig uitgebuit door lieden die zich sterk willen maken voor beledigende of als vals ontmaskerde theorieën, of die zaken die onvergelijkbaar zijn aan elkaar gelijk willen stellen. Creationisten riepen bijvoorbeeld op tot het onderwijzen van 'intelligent design' naast de evolutieleer op scholen. 'Geef les in beide,' bevalen sommigen aan.[26] 'Onderwijs de controverse,' zeiden anderen.[27]

Een variatie op dit 'beide kanten'-argument werd door president Trump gebruikt bij zijn poging mensen die demonstreerden tegen witte suprematie gelijk te stellen aan de neo-nazi's die in Charlottesville, Virginia bijeen waren gekomen om te protesteren tegen het verwijderen van standbeelden van *confederates*. Er waren 'enkele zeer goede mensen aan beide kanten', verklaarde Trump. Ook zei hij: 'Wij veroordelen in de strengst mogelijke termen dit verschrikkelijke vertoon van haat, vooringenomenheid en geweld aan vele zijden, aan vele zijden.'[28]

Klimaatontkenners, tegenstanders van vaccinatie en andere groepen die de wetenschap niet aan hun zijde hebben, wapperen aan alle kanten met zinsneden die niet zouden misstaan in een college over deconstructie: 'vele zijden', 'verschillende perspectieven', 'onzekerheden', 'meerdere kenwijzen'. Zoals Naomi Oreskes en Erik M. Conway aantoonden in hun boek uit 2010, *Merchants of Doubt*, hebben rechtse denktanks, de fossielebrandstoffenindustrie en andere bedrijven die erop uit zijn de wetenschap in diskrediet te brengen (of het nu gaat om het werkelijk bestaan van klimaatverandering of de gevaren van asbest, meeroken of zure regen) zich bediend van een strategie die de tabaksindustrie als eerste gebruikte om bij het grote publiek verwarring te zaaien over de gevaren van roken. [29] 'Twijfel is ons product'[30] staat te lezen in een berucht memo uit 1969, geschreven door een hoge functionaris uit de tabaksindustrie, 'omdat het de beste methode is om te wedijveren met de "massa feiten" die aanwezig is in de geest van het grote publiek'.

De strategie was in essentie de volgende: duikel een handjevol 'professionals' op om de gevestigde wetenschap te weerleggen of te laten aanvoeren dat er meer onderzoek nodig is; maak van deze argumenten gesprekspunten en herhaal deze tot in het oneindige; voer aanvallen uit op de reputatie van de echte wetenschappers in het andere kamp.[31] Als dit vertrouwd aandoet, dan is dat omdat het een tactiek is die door Trump en zijn Republikeinse aanhangers is gebruikt om beleid te verdedigen (over zaken variërend van controle op wapenbezit tot het bouwen van een muur aan de grens) dat niet alleen indruist tegen de evaluatie door experts, maar ook tegen de uitkomst van nationale opiniepeilingen.

Wat Oreskes en Conway de 'Tabaksstrategie'[32] noemen, kreeg ondersteuning, zo zeggen zij, van elementen uit de mainstream media die geneigd waren 'minderheidsstandpunten meer krediet te schenken dan ze verdienen'. Deze valse gelijkschakeling werd veroorzaakt door journalisten die evenwicht verwarden met het vertellen van de waarheid, opzettelijke neutraliteit verwarden met accuraatheid, die bezweken onder de pressie die rechtse belangengroepen uitoefenden om 'beide zijden' te presenteren; en door het format van nieuwsshows op televisie, die debatten presenteren tussen tegengestelde standpunten – zelfs indien de ene zijde een overweldigende consensus vertegenwoordigt en de andere bijna totaal geïsoleerd is in de wetenschappelijke gemeenschap.[33] Zo concludeerde een rapport van BBC Trust uit 2011 dat de wetenschappelijke verslaglegging van het netwerk van de zender 'buitensporig veel aandacht aan marginale opinies' besteedde op het gebied van door de mens gecreëerde klimaatverandering.[34] Of zoals een kop in *The Telegraph* luidde: 'BBC-staf moet stoppen met het uitnodigen van fanaten voor wetenschapsprogramma's'.[35]

In een speech over persvrijheid ging Christiane Amanpour in op deze kwestie, in de context van de mediaverslagen over de race om het presidentschap in 2016. Ze zei:

> Zoals veel mensen die net als ik van de andere kant van de oceaan toekeken, moet ik bekennen dat ik geschokt was over hoe uitzonderlijk hoog de lat werd gelegd voor de ene kandidaat en hoe uitzonderlijk laag voor de andere. Het leek alsof een groot deel van de media zich in bochten wrong in een poging onderscheid te maken tussen balans, objectiviteit, neu-

traliteit en, waar het eigenlijk om gaat, waarheid.

We kunnen het oude paradigma niet volhouden – laten we zeggen bijvoorbeeld over de opwarming van de aarde, waarbij 99,9 procent van het empirische wetenschappelijke bewijs evenveel aandacht krijgt als de uiterst kleine minderheid van ontkenners.

Lang geleden, toen ik verslag deed van de etnische zuivering en genocide in Bosnië, heb ik geleerd nooit het slachtoffer gelijk te stellen aan de agressor, nooit een valse morele of feitelijke equivalentie te creëren, omdat je dan een medeplichtige bent van de afgrijselijkste wandaden en de consequenties daarvan.

Ik geloof in waarheidsgetrouwheid, niet in neutraliteit. En ik geloof dat we moeten ophouden de waarheid te banaliseren.[36]

4

HET VERDWIJNEN VAN DE WERKELIJKHEID

Wil ik knoeien met de werkelijkheidstape?
En zo ja, waaróm?
Omdat ik, dacht hij, als ik daar macht over heb,
macht heb over de werkelijkheid.

– Philip K. Dick, 'De elektrische mier'[1]

'Surrealistisch' en 'chaos' zijn twee van de woorden geworden die uur na uur door journalisten worden gebezigd om de dagelijkse werkelijkheid te beschrijven in het Amerika van het tweede decennium van het nieuwe millennium, een tijd waarin dagelijks negentien kinderen in de Verenigde Staten worden doodgeschoten,[2] waarin de president van de Verenigde Staten een nucleair spelletje speelt met Kim Jong-un van Noord-Korea om te kijken wie er 't eerst bang wordt, waarin kunstmatige-intelligentieapparaten poëzie en romans schrijven, waarin het steeds moeilijker wordt om onderscheid te maken tussen de koppen van de satirische krant en website

The Onion en CNN's hoogtepunten uit het nieuws.

Trumps losgeslagen presidentschap vormt een soort climax in het proces van vervorming van de werkelijkheid, maar de snelgroeiende verbijstering onder mensen over de loskoppeling van datgene waarvan ze weten dat het waar is en dat wat politici hun vertellen, van het gezonde verstand en van hoe het er in de wereld aan toe gaat, gaat terug tot de jaren '60, toen de samenleving gefragmenteerd raakte, officiële narratieven – geleverd door de regering, het establishment, de elites – begonnen af te brokkelen en de nieuwscyclus steeds sneller ging draaien. In 1961 schreef Philip Roth over de Amerikaanse werkelijkheid: 'Ze verbijstert, ze maakt je ziek, ze maakt je woedend.' De kranten, klaagde hij, 'vervullen je van verbazing en ontzag: is het mogelijk? Gebeurt dit echt? En ze vervullen je uiteraard van misselijkheid en wanhoop. Omkoperij, schandalen, krankzinnigheden, verraad, idiotie, leugens, schijnheiligheid, lawaai...'[3]

Roths gevoel dat de actualiteit de verbeeldingskracht van schrijvers van fictie te boven ging (en real-life-personages voortbracht als Richard Nixon en Roy Cohn, op wie alle romanschrijvers jaloers waren) zou meer dan een halve eeuw later door schrijvers van satire en spionagethrillers in het Trump-tijdperk weerkaatst worden. En zijn observatie dat romanschrijvers moeite hadden om op een fantasievolle manier om te gaan met een wereld die ze verwarrend vonden, helpt verklaren waarom de journalistiek – met name wat Tom Wolfe New Journalism noemde – fictie in de schaduw begon te stellen als het erom ging vast te leggen hoe het leven in de jaren '60 eruitzag, getuige de *Esquire*-bloemlezing met de passende titel *Smiling Through the Apocalypse* (met daarin opgenomen klassieke tijdschriftartikelen van schrijvers als Norman Mailer, Michael Herr en Gay Talese).

Politici hadden de waarheid altijd al naar hun hand gezet, maar de komst van de televisie – en later internet – bood hun nieuwe podia om versluierende taal te spreken. Toen de Republikeinse strateeg Lee Atwater in de jaren '80 opmerkte dat 'perceptie werkelijkheid is',[4] verwoordde hij op botte wijze een inzicht over de menselijke psychologie waarmee Homerus welbekend was toen hij Odysseus onsterfelijk maakte als geslepen bedrieger, bedreven in misleiding en vermomming. Maar Atwaters kille gebruik van dit recept, toen hij controversiële vraagstukken inzette om de racistische 'southern strategy'* van de Grand

* Republikeinse tactiek om blanke kiezers in het zuiden te winnen door een beroep te doen op hun racistische gevoelens.

Old Party vooruit te helpen – en om de beruchte Willie Horton*-spotjes tijdens de presidentiële campagne van 1988 te creëren – injecteerde de mainstream-Amerikaanse politiek met een alarmerende dosis winnen-tot-elke-prijs-machiavellisme waarbij de massamedia werden gebruikt als leveranciers.[5]

Bijna drie decennia later zou Trump immigranten de rol van Willie Horton toebedelen, en de klok nog verder terugzetten door het verkapte *dog-whistle***-racisme in te wisselen voor het openlijker racisme en de retoriek van George Wallace. Tegelijkertijd begreep hij instinctief dat het nieuwe, door internet gedomineerde landschap en de toenemende onwetendheid van kiezers over allerlei kwesties het gemakkelijker dan ooit maakten om op de angsten en wrokgevoelens van kiezers in te spelen, door verhalen te lanceren die bleven hangen en viraal werden om alternatieve realiteiten te creëren. Hij probeerde ook in toenemende mate journalistiek als '*fake news*' in diskrediet te brengen, en verslaggevers

* Tot levenslange gevangenisstraf veroordeelde zwarte ex-honkbalspeler, die niet terugkeerde van weekendverlof en later een vrouw bruut verkrachtte; hij werd door Atwater in 1988 op een bedekt racistische manier als speelbal gebruikt in de verkiezingscampagne voor Bush om de Democraten dwars te zitten.

** Kiezers proberen te winnen door racistische of religieuze toespelingen te maken die alleen door de doelgroep begrepen worden.

aan te vallen als 'vijanden van het volk' – een ijzingwekkende benaming die ooit door Lenin en Stalin werd gebruikt.

Het probleem was niet alleen dat Trump instinctief en schaamteloos loog, maar dat de vele honderden opeengestapelde leugens samen al even valse verhaallijnen creëerden, die appelleerden aan de angsten van mensen. Amerika werd afgeschilderd als een land waarin misdaad hoogtij vierde (terwijl de misdaadcijfers juist historisch laag waren – nog niet de helft van wat ze op hun hoogtepunt waren in 1991); als een land dat werd overspoeld door golven gewelddadige immigranten (terwijl uit studies blijkt dat immigranten in verhouding minder vaak geweldsdelicten plegen dan in de VS geboren burgers). Die immigranten zouden het land tot last zijn en zorgvuldiger gescreend moeten worden (terwijl 31 van de 87 Amerikaanse Nobelprijzen sinds 2000 gewonnen zijn door immigranten, en immigranten en hun kinderen naar schatting zo'n zestig procent van de toptech-bedrijven in de VS hielpen vestigen, die bij elkaar vier biljoen dollar waard zijn). Al met al waren de VS volgens Trumps redenering een land dat diep in de problemen zat en behoefte had aan een redder.[6]

Lang voordat hij de politiek in ging, gebruikte Trump al leugens als zakelijk hulpmiddel. Hij beweerde dat zijn vlaggenschip, de Trump Tower, 68 verdiepingen telt, terwijl het er in werkelijkheid maar 58 zijn. Hij deed zich ook voor als een PR-man genaamd John Barron of John Miller zodat hij met deze valse identiteit kon opscheppen over zijn – Trumps – prestaties. Hij loog om zichzelf groter te maken dan hij was, om onder valse voorwendsels zaken te kunnen doen en in te spelen op de verwachtingen van mensen. Alles draaide om transacties; het enige wat ertoe deed was deals te sluiten.[7]

Jarenlang was hij vastgoedontwikkelaar en een reality-tv-ster die zijn naam kwistig toepaste in merknamen (Trump Hotels, Trump Menswear, Trump Natural Spring Water, Trump University, Trump Steaks, Trump Vodka, Trump Home Collection), en hij wist, zoals de meest succesvolle reclamemakers – en succesvolle propagandisten – dat het vaak herhalen van gemakkelijk te onthouden, simplistische slogans ervoor kon zorgen dat zijn handelswaar (en zijn naam) zich zou vastzetten in het hoofd van potentiële afnemers.[8] Decennia voordat hij 'Make America Great Again'-petten ging uitdelen op zijn verkiezingsbijeenkomsten, was hij expert geworden in het organiseren van wat historicus Daniel Boorstin 'pseudogebeurtenissen' noemde, dat wil zeggen: gebeurtenissen die hoofdzakelijk 'gepland, bekonkeld of ontketend worden met als onmiddellijke doel dat erover bericht wordt of dat ze herhaald worden'.[9]

Boorstin voorzag in zijn boek *The Image* uit 1962 – dat van invloed zou zijn op het werk van talrijke schrijvers, van Franse theoretici als Baudrillard en Guy Debord tot sociaal-critici als Neil Postman en Douglas Rushkoff – griezelig genoeg al de komst van reality-tv, decennia voordat de Kardashians, de Osbournes en een hele rij 'desperate housewives' hun intrede deden in onze woonkamers. Hij voorzag trouwens ook de opkomst van iemand die erg veel weg had van Donald J. Trump: een celebrity, bekend om zijn '*well-knownness*',[10] in de woorden van Boorstin, zijn algemene bekendheid (en die zelfs gastheer zou zijn in een show getiteld *The Celebrity Apprentice*[11]).

Boorstins beschrijvingen van de negentiende-eeuwse impresario en circus-showman P.T. Barnum – directeur van een curiositeitenmuseum in New York City, gevuld met nep-'wonderen' zoals een zeemeermin (de resten van een aap met daaraan bevestigd de staart van een vis) – moeten lezers van nu akelig bekend in de oren klinken: een zelfverklaarde 'vorst van de verlakkerij' wiens 'grootste ontdekking niet was hoe gemakkelijk het was om het publiek te bedotten, maar hoe graag het publiek zich liet bedotten' zolang het maar vermaakt werd.[12]

Terwijl beelden de plaats innamen van idealen, schreef Boorstin in *The Image*, verving het idee van 'geloofwaardigheid' op bijna vergelijkbare wijze dat van de waarheid. Het interesseerde mensen niet zozeer of iets waar was, maar of het 'goed uitkwam dat het geloofd zou worden'. En terwijl aannemelijkheid de waarheid als maatstaf verving, werd het een 'sociaal beloonde vaardigheid' om 'dingen waar te laten lijken';[13] geen wonder dat in de vroege jaren '60 de Mad Men van Madison Avenue de nieuwe meesters van het universum waren.

Baudrillard ging nog verder met dergelijke observaties; hij opperde dat in de huidige, rond de media gecentreerde cultuur mensen de voorkeur zijn gaan geven aan het 'hyperreële' – dat wil zeggen gesimuleerde of verzonnen realiteiten als Disneyland – boven de saaie, alledaagse 'woestijn van het werkelijk bestaande'.[14]

Kunstenaars als Jorge Luis Borges, William Gibson, Stanislaw Lem, Philip K. Dick en Federico Fellini worstelden met vergelijkbare thema's en schiepen verhalen waarin de grenzen tussen het reële en virtuele, het feitelijke en het verbeelde, het menselijke en de post-menselijke vaagheid versmolten of zelfs verdwenen. In het verhaal 'Tlön, Uqbar, Orbis Tertius' beschrijft Borges 'een geheim genootschap van astronomen, biologen, ingenieurs, metafysici, dichters, scheikundigen, wiskundigen, moralisten, schilders en aardrijkskundigen' die een onbekende planeet genaamd Tlön verzinnen: ze bedenken de geografie ervan, de architectuur, de denksystemen. Stukjes en brokjes van Tlön beginnen op te duiken in de echte wereld: een voorwerp hier, een beschrijving daar, en omstreeks 1942 treedt er een versnelling op; uiteindelijk, merkt de verteller op, hebben de lessen van Tlön zich zo ver verbreid dat de geschiedenis die hij als kind leerde, in vergetelheid is geraakt en vervangen door 'een fictief verleden'.[15]

Borges trok directe parallellen tussen de macht van verzinsels over Tlön om zich in het menselijk bewustzijn te nestelen, en de macht van op leugens gebaseerde, dodelijke politieke ideologieën om hele naties te infecteren; beide, suggereerde hij, voorzien in intern samenhangende narratieven die mensen, die ernaar snakken om de wereld te begrijpen, aanspreken. 'De werkelijkheid verloor terrein op meer dan één punt,' schreef Borges. 'De waarheid is dat ze ernaar snakte terrein te verliezen. Tien jaar geleden volstond elk symmetrisch systeem dat de schijn van orde bood – het dialectisch materialisme, het antisemitisme, het nazisme – om mensen te fascineren. Waarom zou je niet onder de betovering van Tlön bezwijken en je overgeven aan de minutieuze en enorme aanwezigheid van een ordelijke planeet? Het heeft geen zin te antwoorden dat ook de werkelijkheid geordend is. Dat mag zo zijn, maar overeenkomstig goddelijke wetten – ik vertaal: onmenselijke wetten – die we nimmer volledig doorgronden. Tlön mag een labyrint zijn, maar het is een labyrint dat door mensen is bedacht, een labyrint dat bestemd is om door mensen ontcijferd te worden.'[16]

Thomas Pynchon verkent in zijn romans vergelijkbare thema's, die relevanter dan ooit zijn in een wereld die lijdt onder een overmaat aan informatie. Draaierig van een soort spirituele desoriëntatie vragen zijn personages zich af of de paranoïde figuren het bij het rechte eind hebben: dat er boze samenzweringen en verborgen agenda's bestaan die alles verklaren. Of dat de nihilisten misschien wel een punt hebben: dat er geen signaal in de herrie schuilt, alleen maar chaos en toeval. 'Als er iets troostends is – iets religieus, zo je wilt – aan paranoia,' schrijft hij in *Gravity's Rainbow*, 'dan is er altijd nog anti-paranoia, waar niets met elkaar verbonden is, een toestand die weinigen van ons langdurig kunnen verdragen.'[17]

In een documentaire uit 2016 genaamd 'HyperNormalisation' creëerde de Britse filmmaker Adam Curtis een expressionistische, met veel archiefmateriaal doorsneden meditatie over het leven in het tijdperk na de waarheid; de titel (die ook lijkt te verwijzen naar Baudrillard) is ontleend aan een term die Aleksej Joertsjak bedacht om het leven in de Sovjet-Unie in de laatste jaren ervan aan te duiden, toen mensen de absurditeit doorhadden van de propaganda die de regering hun al decennia had verkocht, maar ook moeite hadden zich een alternatief voor te stellen. In HyperNormalisation, dat kort voor de Amerikaanse presidentsverkiezingen werd uitgebracht op het iPlayer-platform van de BBC, vertelt Curtis in voice-over dat mensen in het Westen de verhalen die politici hun al jaren hadden verteld, ook niet geloofden, en dat Trump besefte dat 'hiermee geconfronteerd, je met de werkelijkheid kon spelen' en al doende 'de oude machtsvormen verder kon ondermijnen en verzwakken'.[18]

Sommige extreemrechtse Trump-aanhangers proberen de werkelijkheid ook conform hun eigen ideeën te herdefiniëren. Gebruikmakend van de iconografie van de film *The Matrix* – waarin de held kan kiezen tussen twee pillen, een rode (die kennis en de kille waarheden van de werkelijkheid vertegenwoordigt) en een blauwe (die staat voor slaperige illusie en ontkenning) – hebben leden van de alt-right-beweging en enkele verongelijkte mannenrechtengroepen het over 'red-pilling the normies',[19] dat wil zeggen: mensen bekeren tot hun zaak. Ze brengen met andere woorden hun binnenstebuiten gekeerde alternatieve werkelijkheid aan de man, een werkelijkheid waarin witte mensen vervolgd worden, het multiculturalisme een ernstig gevaar is en mannen door vrouwen onderdrukt worden.

Alice Marwick en Rebecca Lewis, auteurs van een studie naar online-desinformatie,[20] zeggen dat 'zodra groepen over een kwestie "redpilled"[21] zijn, ze waarschijnlijk ook meer openstaan voor andere extremistische ideeën. Online-culturen die voorheen tamelijk apolitiek waren, beginnen over te lopen van door racisme ingeblazen woede. Sommige sci-fi-, fandom- en gaming-communities – die zich het alledaags antifeminisme al hadden eigengemaakt – beginnen wit-nationalistische ideeën te omhelzen. "Ironische" nazi-iconografie en hatelijke scheldwoorden worden serieuze uitingen van antisemitisme.'

Een van de tactieken die alt-right gebruikt om zijn ideeën online te verspreiden, zeggen Marwick en Lewis, is om extremere gezichtspunten in het begin af te zwakken als instapideeën om een breder publiek aan te spreken; onder sommige groepen jonge mannen, schrijven ze, 'is het een verbluffend kleine stap om van het verwerpen van politieke correctheid over te gaan tot het beschuldigen van vrouwen, immigranten of moslims als degenen die verantwoordelijk zijn voor hun problemen'.[22]

Veel misogyne en 'white-supremacist'-*memes*, naast heel veel nepnieuws als Pizzagate,[23] vinden hun oorsprong of krijgen vleugels op sites als 4chan en Reddit voordat ze voldoende 'buzz' hebben verzameld om door te stoten naar Facebook en Twitter, waar ze meer mainstream-aandacht kunnen genereren. Renee DiResta, die onderzoek doet naar samenzweringstheorieën op internet, stelt dat Reddit een nuttig testmedium kan zijn voor slechte acteurs – waaronder buitenlandse regeringen als de Russische – om memes of nepverhalen uit te proberen en te kijken hoeveel aantrekkingskracht ze uitoefenen.[24]

DiResta waarschuwde in de lente van 2016 dat de algoritmen van sociale netwerken – die mensen voorzien van nieuws dat populair en trending is, in plaats van accuraat of belangrijk – samenzweringstheorieën helpen promoten. Dit soort marginale content kan van invloed zijn op hoe mensen denken, en doorsijpelen in openbare debatten over beleidszaken op het gebied van bijvoorbeeld vaccinatie, bestemmingsplannen en fluoridering van het drinkwater. Onderdeel van het probleem is een 'asymmetrische passie' op sociale media: terwijl de meeste mensen geen uren besteden aan het schrijven van posts ter bekrachtiging van het voor de hand liggende, zegt DiResta, 'produceren gepassioneerde complotdenkers en extremisten een overdaad aan content, vastbesloten om "the sheeple" wakker te schudden'.[25]

Aanbevelingssystemen, voegt ze eraan toe, helpen samenzweringstheoretici met elkaar in contact te komen tot aan het punt waarop 'we het stadium van louter partijdige filterbubbels zijn gepasseerd, en ons midden in het rijk van de silogemeenschappen bevinden, die hun eigen werkelijkheid kennen en opereren op basis van hun eigen feiten'. Hier aangekomen, besluit ze, 'weerspiegelt internet de werkelijkheid niet slechts, maar vormt het deze'.

5

DE ANNEXATIE VAN TAAL

Zonder heldere taal bestaat er geen standaard voor de waarheid.

– John le Carré[1]

Taal is voor mensen wat water is voor vissen, merkte schrijver James Carroll ooit op: 'We zwemmen in taal. We denken in taal. We leven in taal.'[2] Om die reden schreef Orwell dat 'politieke chaos gekoppeld is aan het verval van taal', waarbij woorden worden gescheiden van hun betekenis en zich een kloof opent tussen de ware en de door de leider beleden doelstellingen.[3] Om die reden raken Amerika en de rest van de wereld zo gedesoriënteerd door de stroom leugens die het Witte Huis van Trump uitbraakt en door het taalgebruik van de president als middel om wantrouwen en tweedracht te zaaien. En om die reden hebben autoritaire regimes door de hele geschiedenis heen zich alledaags taalgebruik toegeëigend in hun poging niet alleen controle uit te oefenen over hoe mensen communiceren, maar ook over hoe ze denken – precies op de manier waarop het ministerie van Waarheid[4] in Orwells *1984* ten doel heeft het bestaan van de externe werkelijkheid te ontkennen en de onfeilbaarheid van Big Brother te behoeden.

Orwells 'Newspeak' (Nieuwspraak) is een fictieve taal, maar is dikwijls een weerspiegeling van en satire op de kretologie waarvan communistische leiders in de Sovjet-Unie en Oost-Europa zich bedienden. Tot de kenmerken van dit 'wollige taalgebruik' (*langue de bois*)[5] die de Franse wetenschapper Françoise Thom in haar proefschrift uit 1987 identificeert, behoren abstractie en het vermijden van het concrete; tautologieën ('de theorieën van Marx zijn waar omdat ze juist zijn'); belabberde metaforen ('de fascistische octopus heeft zijn zwanenzang gezongen'); en manicheïsme, het verdelen van de wereld in goed en kwaad (met niets ertussenin).[6]

Mao's communistische partij begon ook al snel na de machtsovername in China in 1949 met linguïstische engineering om een nieuw politiek vocabulaire te ontwikkelen: sommige woorden werden onderdrukt, andere kregen een nieuwe betekenis; partijleuzen werden er door voortdurende herhaling bij de mensen ingeramd. Het volk kreeg te verstaan dat er 'juiste' en 'onjuiste' manieren van spreken waren, of het nu ging om het afleveren van een arbeidsrapport of de deelname aan een verplicht rondje zelfkritiek.[7]

Een van de meest gedetailleerde verslagen over hoe het totalitarisme het alledaagse taalgebruik beïnvloedt, werd geschreven door Victor Klemperer, een Duits-Joodse linguïst die de Tweede Wereldoorlog in Dresden overleefde.[8] Klemperer hield een opmerkelijke reeks dagboeken bij waarin hij het dagelijks leven onder het nazibewind in Duitsland beschreef (*Tot het bittere einde*), en schreef ook een studie (*LTI. De taal van het Derde Rijk*) over hoe de nazi's woorden gebruikten als 'kleine doses arsenicum'[9] om de Duitse cultuur van binnenuit te vergiftigen en te ondermijnen. Het boek is een schokkende casestudy over hoe het Reich 'het vlees en bloed van het volk binnendrong' door middel van idiomatische uitdrukkingen en zinsstructuren die 'hun werden opgedrongen door een miljoen keer herhalen en langs mechanische weg onbewust werden opgenomen'. Het is ook een verhaal ter waarschuwing, even verontrustend als Orwells *1984*, voor andere landen en toekomstige generaties over hoe snel en verraderlijk een autocraat taal tot een wapen kan maken om kritisch denken te onderdrukken, vooroordelen aan te wakkeren en een democratie in gijzeling te nemen.

Klemperer vond niet dat Hitler Mussolini als spreker evenaarde, en het verbaasde hem dat de nazileider – die hij zag als een bozige, onzekere man met een irritante stem en de neiging om te gaan bulderen – zo'n enorme aanhang verwierf. Hij schreef Hitlers succes eerder toe aan zijn verderfelijke ideologie dan aan zijn vermogen om andere politici te omzeilen en het volk direct aan te spreken – het woord *Volk* werd er regelmatig bijgehaald en Hitler portretteerde zichzelf als de stem ervan, de verlosser. De grote spektakels (in feite pseudo-evenementen) die hij en Goebbels ensceneerden, waren hierbij behulpzaam. 'De grootsheid van de vlaggen, parades, slingers, fanfares en koren' waarmee Hitlers toespraken gepaard gingen, noteert Klemperer, werkten als een effectieve 'reclametruc' die de Führer met de grandeur van de staat vereenzelvigden.[10]

Zoals in de Sovjet-Unie en het maoïstische China ondergingen woorden in nazi-Duitsland een sinistere metamorfose. Het woord *fanatisch*, schreef Klemperer, duidde niet langer 'een bedreigende, weerzinwekkende kwaliteit' aan, die in verband werd gebracht met bloeddorstigheid en wreedheid, maar werd een 'buitengewoon vleiend bijvoeglijk naamwoord' dat verwees naar de toegewijdheid en moed die nodig waren om het Reich gaande te houden. Het woord *kämpferisch* (agressief, strijdlustig) kreeg ook een prijzenswaardige betekenis, namelijk als bewonderenswaardig 'voor zichzelf opkomen door middel van verdediging of aanval'. Tegelijkertijd kwam het woord 'systeem' in een kwaad daglicht te staan, omdat het geassocieerd werd met de Weimarrepubliek die de nazi's verfoeiden, grotendeels zoals rechtse Republikeinen tegenwoordig de *deep state*, zoals zij die noemen, verfoeien.[11]

Hitlers *Mein Kampf* verscheen in 1925, en Klemperer noteerde dat het boek 'de wezenlijke kenmerken' van de naziretoriek en het naziproza 'letterlijk vastlegde'.[12] In 1933 werd 'deze taal van een kliek de taal van het volk'. Als, zeg, het jargon van alt-right – zijn gebruik van codetaal om medestanders te herkennen, zijn racistische en misogyne verdachtmakingen – volledig mainstream zou worden en deel zou gaan uitmaken van het normale politieke en sociale discours, zou dat hetzelfde zijn.

Klemperer wijdde een heel hoofdstuk aan de obsessie van nazi's met getallen en superlatieven; alles moest het beste of het meeste zijn. Als een Duitser uit het Derde Rijk op olifantenjacht ging, schreef Klemperer, zou hij moeten opscheppen dat hij 'de grootste olifanten ter wereld had afgemaakt met het beste wapen op aarde'. Veel van de cijfers die de nazi's zelf gaven (over de aantallen gedode vijanden, vijanden die gevangen waren genomen, publiek van een radio-uitzending of op een bijeenkomst) waren zo overdreven, dat ze een 'sprookjesachtige dimensie' kregen, zoals Klemperer het noemde. In 1942, schreef hij, 'zegt Hitler in de Rijksdag dat Napoleon in Rusland vocht bij temperaturen van min 25 graden, maar dat hij, Opperbevelhebber Hitler, bij min 45 en zelfs bij min 52 graden had gevochten'. Al dit liegen en overdrijven, vervolgt Klemperer, bereikte uiteindelijk een punt waarop het 'betekenisloos en uiterst ineffectief werd en ten slotte leidde tot een geloof in het omgekeerde van wat ermee beoogd werd'.[13]

Trumps leugenachtigheid is zo extreem dat nieuwsorganisaties lange lijsten aanleggen van leugens die hij heeft verkocht, beledigingen die hij heeft gedebiteerd en normen die hij heeft geschonden, en daarnaast legertjes feitencontroleurs hebben ingeschakeld. En Trumps schaamteloosheid heeft politici in zijn omgeving aangemoedigd onbeschaamder dan ooit tevoren te liegen. Republikeinen in het Congres hebben bijvoorbeeld schaamteloos gelogen over de gevolgen die hun belastingwet zou hebben op het begrotingstekort en de sociale voorzieningen, zoals ze ook logen over hoezeer de middenklasse erbij gebaat zou zijn, terwijl in feite alles draaide om belastingvoordelen voor bedrijven en de zeer rijken.

Trumps aanval op de taal beperkt zich niet tot zijn vloedgolf aan leugens, hij bedient zich ook van woorden en principes die intrinsiek verbonden zijn met de rechtsstaat om ze te vervuilen met persoonlijke agenda's en politieke partijdigheid. Hierdoor heeft hij de taal van de democratie en haar idealen ingewisseld tegen de taal van de autocratie. Hij eist trouw aan hemzelf in plaats van aan de Amerikaanse grondwet, en hij verwacht van leden van het Congres en de rechterlijke macht dat ze zijn beleid en wensen toejuichen, onafhankelijk van hoe zij denken dat de belangen van het Amerikaanse volk het best gediend zijn.

Trump heeft zich, met andere kreten, bediend van de verwarrende orwelliaanse truc (OORLOG IS VREDE , VRIJHEID IS SLAVERNIJ , ONWETENDHEID IS KRACHT [13]) van dezelfde woorden gebruiken voor exact het tegenovergestelde van wat ze in werkelijkheid betekenen. Zo keerde hij de term 'nepnieuws' binnenstebuiten en gebruikt hij die om journalistiek die hij bedreigend of onflatteus vindt, in diskrediet te brengen. En noemde hij het onderzoek naar de Russische bemoeienis met de verkiezingen 'de grootste heksenjacht in de politieke geschiedenis van Amerika'[14], terwijl hij juist degene is die de pers, het ministerie van Justitie, de FBI, de inlichtingendiensten en elke instelling die hij als vijandig ziet, bij herhaling heeft aangevallen.

In feite heeft Trump de perverse gewoonte tegenstanders te beschuldigen van juist die zonden waaraan hij zichzelf schuldig heeft gemaakt:[15] 'Liegende Ted', 'Onbetrouwbare Hillary', 'Gekke Bernie'. Hij beschuldigde Clinton ervan dat ze een '*bigot*' was, 'die gekleurde mensen alleen maar ziet als stemmen, niet als mensen die een betere toekomst verdienen', en benadrukte dat 'er een geweldig complot was ten voordele van de Russen en de Democraten'.[16]

In Orwells taal 'Newspeak' in *1984* heeft een woord als 'zwartwit' 'twee elkaar tegensprekende betekenissen':[17] 'toegepast op een tegenstander betekent het de gewoonte om brutaalweg te beweren dat zwart wit is, in weerwil van de vastliggende feiten. Toegepast op een Partijlid betekent het de loyale bereidheid om te zeggen dat zwart wit is als de Partijdiscipline dit vereist.'

Ook dit weerspiegelt zich op griezelige wijze bij functionarissen van het Witte Huis en Republikeinen die liegen namens de president en die routinematig uitspraken doen die spotten met het bewijs dat zichtbaar is voor iedereen. De regering maakte haar debuut met het optreden van de perschef van Het Witte Huis, Sean Spicer, die volhield dat de menigte die zich had verzameld voor Trumps beëdiging als president 'het grootste publiek ooit'[18] was: een bewering die voorbijging aan fotografisch bewijs en die door PolitiFact als '*Pants on fire*' werd betiteld, liegen dat het gedrukt staat.

Dit soort leugens, zo stelde journalist Masha Gessen, wordt verteld om dezelfde reden dat Vladimir Poetin liegt: 'om macht over de waarheid zelf uit te oefenen'.[19] Wat Oekraïne betrof, schreef Gessen tegen het einde van 2016, 'koos Poetin ervoor om uit alle macht te liegen ondanks duidelijk, overtuigend bewijs van het tegendeel, en als hij vervolgens verklaringen naar waarheid aflegde, waren dat in alle gevallen geen bekentenissen die hij deed omdat hij daartoe gedwongen was: het waren trotse, zelfs opschepperige bevestigingen die hij naar eigen believen gaf. Tezamen brachten ze één boodschap: Poetins macht schuilt erin dat hij kan zeggen wat hij wil en wanneer hij wil, ongeacht de feiten. Hij is president van zijn land en koning van de werkelijkheid.'

Een andere methode om macht over de werkelijkheid uit te oefenen die de partij en Big Brother in *1984* gebruiken, is het aanpassen van de geschiedenis, zodat die overeenkomt met hun visie op de wereld: 'Niet alleen moeten redevoeringen, statistieken en rapporten van allerlei aard voortdurend up-to-date gehouden worden om te laten zien dat de voorspellingen van de Partij in alle gevallen juist waren. Ook is het zo dat geen verandering in doctrine of in politieke gerichtheid ooit kan worden erkend. Want het veranderen van inzicht, en ook van beleid, is een erkenning van zwakte. Als bijvoorbeeld Eurazië of Oostazië (wat het ook is) vandaag de vijand is, dan moet dat land altijd al de vijand zijn geweest. En als de feiten iets anders vertellen, dan moeten de feiten veranderd worden. Zo wordt de geschiedenis voortdurend herschreven.'[20]

Bedenk het volgende: binnen enkele dagen na Trumps inauguratie werden er veranderingen aangebracht in de pagina's over klimaatverandering op de website van het Witte Huis.[21] Intussen waren milieudeskundigen verwoed bezig met pogingen klimaatgegevens van de overheid te downloaden en te archiveren, bezorgd dat ze vernietigd zouden worden, zoek zouden raken of verstopt zouden worden door een vijandig bestuur. Sommige van hun angsten werden later, in 2017, bewaarheid, toen het EPA aankondigde dat zijn website 'veranderingen onderging die de nieuwe koers van het bureau weerspiegelen', met inbegrip van deze orwelliaanse zinsnede: 'taal updaten om de benadering van nieuw leiderschap te reflecteren'.[22]

Op educatieve pagina's onder het beheer van het ministerie van Energie werden zinsneden over hernieuwbare energie verwisseld met zinsneden die het gebruik van fossiele brandstoffen propageren. En links naar het klimaatrapport uit 2013 van de regering-Obama en verwijzingen naar vergaderingen van de VN over klimaatverandering verdwenen uit webpagina's van het ministerie van Buitenlandse Zaken.

Medewerkers van het ministerie van Landbouw werden geïnformeerd dat hun *posts* op sociale media door administrateurs nagekeken dienden te worden 'om verwijzingen naar beleidsprioriteiten en initiatieven van de vorige regering te verwijderen'.[23] En nadat de National Park Service, het agentschap dat de nationale parken beheert, een post had geretweet met luchtfoto's die de omvang van de menigte bij de inauguratie van president Trump vergeleken met die bij de inauguratie van president Obama, kreeg het digitale team van het agentschap bevel zijn gebruik van Twitter tijdelijk stop te zetten. De retweet werd weldra gewist.

In dezelfde tijd zette Trump zijn persoonlijke aanval op de Engelse taal voort. Trumps onsamenhangendheid (zijn kromme grammatica, zijn gedraai, zijn onoprechtheid, zijn wantrouwen en zijn opruiende bombast) zijn niet alleen emblematisch voor de chaos die hij creëert en waarbij hij gedijt, als een essentieel instrument in zijn leugenaarsgereedschapskist. Zijn interviews, zijn speeches die hij niet opleest van een teleprompter en zijn tweets vormen een verbijsterende janboel van beledigingen, uitroepen, opschepperij, zijpaden, onlogische gevolgtrekkingen, kwalificaties, aansporingen en insinuaties – de pogingen van een bullebak om te intimideren, te manipuleren (*gaslighting*)*, te polariseren en zondebokken aan te wijzen.

Precieze woorden betekenen, net als feiten, maar weinig voor Trump. Vertalers die zijn grammaticale anarchie moeten zien over te brengen, kunnen daarvan getuigen. Chuck Todd, de presentator van NBC's *Meet the Press*, merkte op dat Trump na verscheidene

* Mensen zo manipuleren dat ze aan zichzelf gaan twijfelen, term gebaseerd op het toneelstuk *Gaslight* en verfilmingen daarvan.

optredens als kandidaat achterover placht te leunen en dan aan de regiekamer vroeg zijn fragment op een monitor opnieuw af te spelen, met het geluid uit: 'Hij wil zien hoe het er allemaal uitziet. Hij bekijkt het allemaal zonder geluid.'[24]

Hij is al even nonchalant als het om spelling gaat.[25] Zo is daar de befaamde 'covfefe'-tweet: 'Ondanks de constante negatieve *press covfefe*.' En zijn beschrijving van de Chinese onderschepping van een drone van de Amerikaanse marine: een *unpresidented act*. Hij tweette ook dat hij zich '*honered* voelde om jullie te dienen, het grote Amerikaanse Volk, als jullie 45ste president van de Verenigde Staten!' Twitter-tikfouten komen natuurlijk heel veel voor en ze zijn bepaald niet het alarmerendste aspect van Trumps compulsieve getwitter. Maar ze zijn wel een aanwijzing voor zijn impulsieve houding: alleen in het moment leven en maar zien wat ervan komt. En zijn tikfouten zijn besmettelijk. Het Witte Huis gaf een verklaring uit over een presidentiële reis naar Israël, waarin stond te lezen dat een van zijn doelstellingen was 'de mogelijkheid van blijvende *peach* te bevorderen'. In andere verklaringen van het Witte Huis werd de naam van Jon Huntsman Jr., Trumps beoogde ambassadeur in Rusland, verkeerd gespeld en ook de naam van de Britse premier, Theresa May.

De tekst op de officiële inauguratieposter luidde: 'No dream is too big, no challenge is to great.' En op toegangsbewijzen voor zijn eerste State of the Union stond: 'Address to Congress on the State of the Uniom.' Onschuldige uitglijders misschien, maar ze wijzen wel op de algehele nonchalance en het disfunctioneren van de regering – haar arrogante gebrek aan achting voor accuratesse, details en precisie.

Trumps tweets worden beschouwd als officiële uitspraken van de president van de Verenigde Staten[26] en zullen ongetwijfeld ooit gedrukt worden, netjes worden ingebonden en door iemand met witte handschoenen op met goudkleurige schellak geverniste planken in een presidentiële bibliotheek worden gezet. Of het nu gaat om tweets die bedoeld waren om de aandacht af te leiden van de onderzoeken naar Russische inmenging, tirades uit de losse pols van een naar aandacht hunkerende narcist, of onderdeel waren van een meer doelbewuste strategie om mensen te laten wennen aan aberraties, deze ontboezemingen hebben onmiddellijke consequenties in de hele wereld: ze laten de nucleaire spanningen met Noord-Korea escaleren, vervreemden hele landen en continenten van de Verenigde Staten en verstoren de naoorlogse orde. Anti-moslimvideo's van de uiterst rechtse groep Britain First, die door Trump geretweet werden, bezorgden hem een scherpe terechtwijzing door de Britse premier Theresa May en hielpen een voorheen marginale haatgroep mainstream te worden.

Zijn tirades tegen de journalistiek als 'nepnieuws' hebben verdere onderdrukking van de persvrijheid mogelijk gemaakt in landen als Rusland, China, Turkije en Hongarije, waar verslaggevers toch al onder moeilijke omstandigheden moeten werken.[27] En ze zijn door leiders van autoritaire regimes aangegrepen als vrijbrief om rapporten over aantasting van mensenrechten en oorlogsmisdaden in hun eigen land van de hand te wijzen. Nadat Amnesty International had gerapporteerd dat tot wel 13.000 gevangenen tussen 2011 en 2015 in een militaire gevangenis bij Damascus gedood waren, zei de Syrische president, Bashar al-Assad: 'Je kunt de laatste tijd alles vervalsen' – 'we leven in een tijdperk van nepnieuws'. En in Myanmar, waar de militairen een afgrijselijke etnische zuiveringscampagne voeren tegen de Rohingya, een al lange tijd vervolgde islamitische minderheid, verklaarde een functionaris van het ministerie van Staatsveiligheid: 'Er bestaat niet zoiets als Rohingya. Het is nepnieuws.'

Ruth Ben-Ghiat, hoogleraar geschiedenis en Italiaanse studies aan de Universiteit van New York, die parallellen heeft getrokken tussen de opkomst van Trump en die van Mussolini, zegt dat het typerend is voor autoritaire personen dat ze 'de uiterste grenzen van wat het publiek, de pers en de politieke klasse bereid zijn te tolereren' uittesten en dat Trumps opruiende tweets en opmerkingen pogingen zijn 'om te kijken met hoeveel de Amerikanen en de Grand Old Party hem zullen laten wegkomen – en wanneer ze "genoeg" zullen zeggen, als dat al gaat gebeuren'.[28]

Een essay uit 1995 over Mussolini en het 'oerfascisme' van de Italiaanse geleerde Umberto Eco werpt, wanneer men het nu herleest, ook licht op Trumps taal en zijn gebruik van autoritaire stijlfiguren. Veel van de kenmerken die Eco beschreef als inherent aan het fascisme zullen de lezer op omineuze wijze herinneren aan Trumps demagogie: een beroep doen op nationalisme en de 'angst voor het andere' die mensen hebben; het verwerpen van wetenschap en het rationele discours; het oproepen van de traditie en het verleden; en de neiging om verschil van mening aan verraad gelijk te stellen.

Meer specifiek schreef Eco dat 'Mussolini er geen filosofie op na hield; hij beschikte alleen over retoriek': het was 'een vaag totalitarisme, een collage van verschillende filosofische en politieke ideeën, een bijenkorf van tegenstrijdigheden'. Het oerfascisme gebruikt 'een verarmd vocabulaire en een elementaire grammatica', voegde Eco eraan toe, 'om de instrumenten voor een complex en kritisch gebruik van de rede te beperken'. En het ziet 'het Volk' niet als burgers of individuen, maar als 'een monolithische entiteit die de Wil van het Algemeen tot uitdrukking brengt', die de leider pretendeert te interpreteren; de leider werpt zichzelf op – in plaats van, zeg, een parlement of een wetgevend lichaam – als 'de stem van het Volk'.[29] Als dit eigenaardig bekend klinkt, dan is dat omdat Trump, in zijn toespraak voor de Republikeinse Nationale Conventie tegen het publiek zei: 'Ik ben met jullie – het Amerikaanse volk. Ik ben jullie stem.'[30]

6

FILTERS, SILO'S EN STAMMEN

Wij zijn allemaal eilandjes die elkaar leugens toeschreeuwen over zeeën van onbegrip.

– Rudyard Kipling, 1890[1]

Kort voor de presidentsverkiezingen van 2004 vroeg Arthur Miller – schrijver en overtuigde *liberal* – zich af: 'Hoe kan het dat de opiniepeilingen nek-aan-nek zijn terwijl ik niet één Bush-aanhanger ken?'[2]

Sindsdien zijn de muren van onze politieke silo's uiteraard alleen nog maar hoger geworden, de isolatie van onze *echo chambers* vele malen dikker. Zelfs al voordat we in ondoordringbare filterbubbels werden ingemetseld door *news feeds* van Facebook en zoekgegevens van Google leefden we in gemeenschappen die in toenemende mate gesegregeerd waren geraakt op het gebied van politiek, cultuur, geografie en manier van leven. Voeg daar partijdige nieuwsbronnen als Fox News, Breitbart en Drudge nog bij en het zal geen verbazing meer wekken dat het Rashomon-effect inmiddels verankerd is: gemeenschappelijk gedeelde waarden onder burgers die verschillende partijen aanhangen, zijn bezig in te krimpen, en de gehele consensusgedachte is inmiddels iets uit het verleden.

Uit een onderzoek van denktank Pew uit 2016 kwam naar voren dat 45 procent van de Republikeinen democratisch beleid als een bedreiging van het welzijn van het land ziet, en dat 41 procent van de Democraten hetzelfde denkt over GOP-beleid. En de vijandigheid spitst zich op meer toe dan alleen op het politieke vlak: ze is persoonlijk. Zeventig procent van de Democraten uit dit onderzoek zei dat Republikeinen bekrompener zijn dan andere Amerikanen, terwijl 47 procent van de Republikeinen van mening was dat Democraten immoreler zijn dan andere Amerikanen en 46 procent hen luier vond.[3]

Deze partijdigheid wordt nog verder aangewakkerd door Russische trollen die de democratie in Amerika trachten te ondermijnen, door nog grotere sociale verdeeldheid te zaaien via nepnieuws en nep-Facebook-accounts, en door de manier waarop president Trump opruiende opmerkingen plaatst om zijn aanhang te paaien en zijn tegenstanders te provoceren. Het is veelzeggend dat het oude nationale motto *E pluribus unum* (uit velen een) niet meer prijkt op de munten ter herinnering aan Trumps presidentschap, maar vervangen is door zijn eigen slogan: 'Make America Great Again.'[4]

Deze groeiende scheidslijnen in Amerika zijn slechts enkele decennia oud, volgens Bill Bishop in zijn boek *The Big Sort*.[5] In de jaren '50, '60 en '70, schrijft Bishop, leek het erop dat gemeenschappen politiek meer geïntegreerd raakten en 'was er ook sprake van economische convergentie' toen de welvaart van de Sunbelt zich in het Zuiden uitbreidde. Maar omstreeks 1980 gebeurde er iets, aldus Bishop: mensen waren begonnen hun leven te herordenen rondom 'hun waarden, voorkeuren en hun geloof' – deels in reactie op de sociale en culturele verschuivingen als gevolg van de gebeurtenissen in de jaren '60. Universitair geschoolden trokken veelal naar de stad, terwijl rurale gebieden economisch achterop raakten.

'Sinds we het vertrouwen in traditionele instituties hebben verloren,' schrijft Bishop, 'zijn de zwakke banden die met arbeid samenhangen onvoldoende gebleken om de menselijke behoefte aan geborgenheid te bevredigen.'[6] Als gevolg hiervan vonden mensen een soort saamhorigheidsgevoel door te kiezen voor buurten, kerken, sociale verenigingen en andere organisaties van gelijkgestemden. Deze dynamiek zou met de snelheid van het licht versterkt worden door internet: door nieuwssites die met bepaalde ideologische visies tegemoetkomen aan de wensen van gelijkgestemden, door special interest-prikborden, en door sociale media die eraan hebben bijgedragen dat mensen zichzelf in silo's van gedeelde interesses laten onderbrengen. Rond de millenniumwisseling, schrijft Bishop, hadden de scheidslijnen minder te maken met ideologie dan met voorkeuren en waarden, 'maar sinds de partijen een "lifestyle" zijn gaan representeren – en die lifestyle bepalend werd voor gemeenschappen – lijkt alles scheidbaar, Republikeins of Democratisch'.[7] 'Alles' duidt niet alleen op jouw visie op gezondheidszorg, recht op stemmen of de opwarming van de aarde, maar ook op waar je winkelt, wat je eet, naar wat voor soort films je kijkt. Uit een Pew-onderzoek uit 2017 blijkt dat Amerikanen het zelfs niet eens zijn over de waarde van een hogere opleiding: volgens 72 procent van de Democraten en de tegen de Democraten aanleunende onafhankelijken, hadden hogescholen en universiteiten een positieve invloed op het land, terwijl een meerderheid van de Republikeinen en aanverwanten (58 procent) een negatieve kijk hadden op deze hogere onderwijsinstellingen.[8]

Intussen nam het prestige van de mensen in het midden – onafhankelijken of zwevende kiezers – af, of kregen die in ieder geval minder aandacht van veel politici. In zijn boek *The Second Civil War* beschrijft Ronald Brownstein, veteraan in politieke verslaggeving, hoe de politieke adviseurs van George W. Bush de data van de campagne van 2000 bestudeerden en besloten zich in 2004 toe te leggen op het activeren van de aanhang en het bevorderen van het stemmen onder Republikeinen: een voorbode van de strategie die Trump later zo koppig zou volhouden: inspelen op de eigen aanhang. Zoals een adviseur tegen Bush zei: 'Het doel is geen presidentschap van 55 procent. Het doel is een presidentschap dat zoveel mogelijk van wat wij geloven laat vastleggen in de wet, met 50 plus één in het land en in het Congres.'[9] In 2016 schreef de campagne van Hillary Clinton de stem van de blanke arbeidersklasse (die voor haar man Bill had gestemd) feitelijk af en richtte zich in plaats daarvan op het mobiliseren van de aanhang om te gaan stemmen.[10]

De ideologische consistentie nam in de loop der jaren toe: uit een Pew-onderzoek uit 2014 kwam naar voren dat in de twee decennia sinds 1994 meer Democraten 'eensluidende liberale reacties' gaven op beleidskwesties (over zaken als immigratie, het milieu, de rol van de regering), terwijl meer Republikeinen 'eensluidende conservatieve reacties' gaven. Die leden van beide partijen met de meest consistente standpunten, noteerde het Pew-onderzoek, hadden een 'onevenredige invloed op het politieke proces'; de kans was groter dat ze stemden, geld doneerden en contact opnamen met gekozen functionarissen.[11] En dan is er nog het 'gerrymandering', waarmee Republikeinen hun voordeel hebben gedaan sinds ze na de verkiezing van Obama in 2008 georkestreerde inspanningen leverden om de controle te krijgen over staatsdepartementen die belast zijn met het indelen (of herindelen) van kiesdistricten. De nieuwe, vaak sterk misvormde districten, bepaald met behulp van computersoftware, bezorgden Republikeinen substantieel voordeel bij het veroveren en vasthouden van de meerderheid in het Huis van Afgevaardigden, en neigden er ook toe districten verder naar rechts te doen opschuiven, zodat veel gekozen functionarissen, in Washington aangekomen, huiverig waren om compromissen te sluiten met Democraten uit angst om niet loyaal genoeg over te komen en een '*primary challenge*'* te moeten ondergaan.[12]

* Praktijk waarbij een zittend parlementslid het bij volgende verkiezingen moet opnemen tegen een lid van zijn eigen partij.

Bij veel van deze toegewijde partijleden had het steunen van hun partij veel weg van het fanatiek, door dik en dun aanhangen van een favoriet NBA-, MLB- of NFL-team; het maakte deel uit van hun identiteit, en hun team kon niets verkeerd doen. Misschien hadden ze een afkeer van een bepaald beleid of een bepaalde kandidaat – zoals een supporter de coach van een team de schuld kan geven van een slechte wedstrijd, of een bloedhekel kan hebben aan een overbetaalde, minimaal presterende speler – maar trouwe fans zouden ze blijven, of er moest wel iets heel ergs aan de hand zijn, en hun tegenstanders wensten ze intussen ellende en vernedering toe.

Gepolariseerde stemmingen in het Congres weerspiegelden deze ontwikkelingen: in 2014 stonden Republikeinen en Democraten volgens een Pew-rapport 'verder van elkaar af dan ooit eerder in de moderne geschiedenis'; het wees ook uit dat de toenemende polarisatie onder gekozen functionarissen 'asymmetrisch' was, 'waarbij de breder wordende kloof tussen de twee partijen grotendeels was toe te schrijven aan een verschuiving naar rechts onder Republikeinen'.[13]

De belangrijkste oorzaak van deze asymmetrie was de explosieve groei van rechtse media. In de jaren '90 van de twintigste eeuw bewees presentator

Rush Limbaugh dat hij met ophitsend getier en showbinkgedrag – twee dingen die Donald Trump van hem zou leren – een lucratief nationaal publiek kon bereiken, en decennialang herhaalden trouwe papegaaien alles wat hij zei, ook als dat belachelijk was. In een van zijn schimpredes beweerde Limbaugh dat 'de vier pijlers van bedrog de regering, de academische wereld, de wetenschap en de media zijn'. Hij verklaarde ook dat 'wetenschappers witte laboratoriumjassen dragen en er heel officieel uitzien', maar 'het zijn bedriegers. Ze zijn omgekocht en worden betaald door Links.'[14]

In de drie decennia sinds de Federal Communications Commission (FCC) de Fairness Doctrine introk (die tv- en radiozenders verplichtte om een deel van hun programmering te wijden aan belangrijke kwesties van het moment en tegengestelde meningen hierover te laten horen) en in de twee decennia sinds Roger Ailes en Rupert Murdoch Fox News lanceerden, zijn rechtse media uitgegroeid tot een uitgestrekt solipsistisch netwerk dat zijn eigen stokpaardjes tot in het oneindige laat ronddraaien (de gevaren van immigratie, de onbetrouwbaarheid van de mainstreammedia, het kwaad van een grote overheid enzovoort) en erin is geslaagd om veel debatten op nationaal niveau naar de eigen hand te zetten, door pure onbeschaamdheid en decibelgeweld. Breitbart News, dat Steve Bannon beschreef als een 'platform voor alt-right', en de Sinclair Broadcast Group, die naar schatting 38 procent van de Amerikaanse huiskamers bereikt via lokale nieuwsuitzendingen, hebben het rechtse medialandschap uitgebreid, samen met talloze on-line-sites, YouTube-kanalen en radiozenders. Sinclair heeft zelfs de orwelliaanse stap gezet om lokale nieuwspresentatoren te dwingen vanaf een script een boodschap voor te lezen over 'nepnieuws', die doet denken aan de eigen retoriek van president Trump ter ondermijning van degelijke verslaggeving.[15]

Veel van deze kanalen nemen zelfs niet de moeite net te doen alsof ze verifieerbare feiten en informatie weergeven, maar proberen daarentegen wat één talkshowpresentator 'op waarheid gebaseerde content'[16] noemde, te verdraaien tot het eigenbelang dienende, voorgekookte verhalen die een bevestiging inhouden van wat hun publiek reeds gelooft of die hun ergste angsten voeden.

In recente jaren, zo merkte de conservatieve radiopresentator Charlie Sykes op, hebben conservatieve media een 'alternatieve werkelijkheidsbubbel' gecreëerd die 'onze eigen immuniteit tegen nepnieuws vernietigde en tegelijkertijd de ergste, meest roekeloze lieden aan de rechterzijde meer macht gaf'.[17]

Een Harvard-onderzoek naar meer dan 1,25 miljoen verhalen (online gepubliceerd tussen 1 april 2015 en de dag van de verkiezingen in 2016) concludeerde dat Trump-gezind publiek zwaar leunde op deze 'geïsoleerde kennisgemeenschap', die sociale media gebruikt 'als ankerpunt om een hyperpartijdige visie op de wereld over te brengen', de gemeenschappelijke visie van gebruikers versterkt en hen allergisch maakt voor mainstream-journalistiek die hun vooroordelen onderuit zou kunnen halen. Het resultaat: een omgeving waarin de president kan verwijzen naar een terroristische gebeurtenis in Zweden die nooit heeft plaatsgevonden, of een adviseur van de president die kan beginnen over een niet-bestaand 'Bowling Green Massacre'.[18]

Nu tribale politiek in toenemende mate de Republikeinse en Democratische politiek domineert, doen kandidaten er alles aan om de aanhang van hun partij binnenboord te houden in de aanloop naar de voorverkiezingen. Veel trouwe aanhangers van de Republikeinen reageren inmiddels routinematig met ontkenning als het gaat om kwesties als wapengeweld, Obamacare of de opwarming van de aarde.

Cijfers, analyses door experts, stevig onderbouwde universiteits- of overheidsonderzoeken, en soms zelf het eigenbelang doen er niet toe: een groot deel van de harde kern van Trump-aanhangers doet dergelijk bewijsmateriaal af als *liberal* of deep state-politiek die niet te vertrouwen is. Voor deze partijaanhangers zijn trouw aan de partij en tribale politiek belangrijker dan feiten, moraal en fatsoen: denk aan de Republikeinen die Senaatskandidaat Roy Moore steunden, hoewel die beschuldigd werd van seksueel grensoverschrijdend gedrag met minderjarigen, en aan de Trump-aanhangers die John McCain, een echte oorlogsheld, uitjouwden en die kwaadaardig beweerden dat God hem met kanker had gestraft omdat hij kritiek had op Trump.[19]

Zoals journalist Andrew Sullivan schreef: 'De aanhoudende, gecompliceerde scheidslijnen op het terrein van ideologie, geografie, partij, klasse, religie en ras zijn gemuteerd in iets diepers, dat gemakkelijker in kaart te brengen is en daarom des te omineuzer': het is geen gewone politieke polarisatie, maar het opbreken van het land in 'twee coherente stammen, angstaanjagend in balans wat politieke macht betreft, die niet alleen vechten om hun eigen kant vooruit te helpen, maar ook om het andere kamp te provoceren, te veroordelen en te verslaan.'[20]

Er is een hele verzameling theorieën naar voren gebracht als verklaring voor *confirmation bias*[21] (waarom mensen ogenblikkelijk bereid zijn informatie die hun overtuigingen bevestigt, te omarmen, en informatie die deze in twijfel trekt af te wijzen): dat eerste indrukken zich moeilijk laten losweken, dat er een primitief instinct bestaat om de eigen omgeving te verdedigen, dat mensen geneigd zijn eerder emotioneel dan intellectueel te reageren als ze worden uitgedaagd en er een hekel aan hebben zich serieus in bewijsmateriaal te verdiepen.

Groepsdynamiek versterkt deze neigingen alleen maar, merkt auteur en wetenschapper Cass Sunstein op in zijn boek *Going to Extremes*: een afgebakende positie betekent meestal dat er een beperkte input van informatie is (en dat die beperkte informatie dan gewoonlijk meningen versterkt die al bestaan) en er een verlangen is naar goedkeuring van de groep; en als de leider van de groep 'verschil van mening niet aanmoedigt en neigt naar een herkenbare conclusie, dan is het heel waarschijnlijk dat de groep als geheel zich in de richting van diezelfde conclusie begeeft'.[22]

Zodra de groep zich psychologisch heeft afgezonderd, schrijft Sunstein, 'kunnen de informatie en inzichten van de mensen buiten de groep in diskrediet worden gebracht, en vanaf dat moment zal niets het proces van polarisatie nog verstoren, terwijl de groepsleden blijven praten'.[23] Groepen van gelijkgestemde mensen kunnen zelfs een voedingsbodem voor extreme bewegingen gaan vormen. 'Terroristen worden niet geboren, ze worden gemaakt,' schrijft Sunstein, 'en terroristische netwerken opereren vaak precies op deze manier. Met als gevolg dat ze mensen die verder heel gewoon zijn, aanzetten tot gewelddaden.'

Charlie Sykes besloot eind 2016 zijn populaire radioshow vaarwel te zeggen. De politiek was een 'binaire stammenwereld' geworden, lichtte hij toe, waarin kiezers 'bizar gedrag, oneerlijkheid, grofheid en wreedheid tolereren, omdat het andere kamp altijd erger is'.[24] Wat zijn luisteraars niet tolereerden, was zijn kritiek op Trump of zijn verklaring dat waanzinnige samenzweringstheorieën over Hillary Clinton en Barack Obama aantoonbaar onjuist waren. Zijn luisteraars waren eraan gewend geraakt mainstream-nieuwsbronnen en zelfs simpele feiten te verwerpen.

'In de nieuwe rechtse mediacultuur,' schrijft hij in zijn boek uit 2017, *How the Right Lost Its Mind*, 'dringt negatieve informatie eenvoudig niet meer door; blunders en schandalen kunnen onderdrukt, genegeerd of verdraaid worden; contra-narratieven kunnen gelanceerd worden. Trump heeft bewezen dat een kandidaat immuun kan zijn voor de narratieven, voor kritiek, en voor het controleren van de feiten door de mainstream-media.'[25]

De dagen van vóór de kabeltelevisie, toen veel mensen het nieuws zagen op een van de drie televisiekanalen en vaak keken naar dezelfde televisieshows als *All in the Family* en *The Mary Tyler Moore Show*, liggen ver achter ons. Nieuwe *Star Wars*-films en de Super Bowl zijn nog enkele van de zeldzame gebeurtenissen die een publiek trekken dat alle demografische grenzen doorsnijdt.

En wat het nieuws aangaat: een steeds gefragmenteerder mediaomgeving biedt sites en publicaties aan die gericht zijn op een nichepubliek dat varieert van het roodste rood tot het blauwste blauw. Facebook, Twitter, YouTube en veel andere sites gebruiken algoritmen om de informatie die je te zien krijgt, te personaliseren – informatie op jou toegesneden op basis van eerdere data die ze over jou verzameld hebben.

'Met een Google dat voor iedereen gepersonaliseerd is,' schrijft internetactivist Eli Pariser in zijn boek *The Filter Bubble*, 'kan de zoekopdracht "stamcellen" diametraal tegengestelde resultaten opleveren voor wetenschappers die stamcelonderzoek steunen en activisten die ertegen zijn. "Bewijs voor klimaatverandering" kan verschillende resultaten opleveren voor een milieuactivist en een medewerker van een oliemaatschappij. Volgens opiniepeilingen gaat een grote meerderheid van ons ervan uit dat zoekmachines onbevooroordeeld zijn. Maar dat kan zo lijken omdat ze in steeds grotere mate ingericht zijn om aan onze opvattingen tegemoet te komen. Je computer wordt steeds meer een soort doorkijkspiegel, die jouw eigen interesses weerspiegelt terwijl algoritmische observators bijhouden waar jij op klikt.'[26]

Omdat sociale-mediasites ons informatie geven die ernaar neigt onze visie op de wereld te bevestigen – wat Pariser 'een eindeloze jij-lus' noemt[27] – leven mensen in steedse nauwere content-silo's en hiermee corresponderende kleinere ommuurde denktuinen. Het is een belangrijke reden dat *liberals* en conservatieven, Democraten en Republikeinen het steeds lastiger vinden om het eens te zijn over feiten, en dat een gedeeld werkelijkheidsgevoel ongrijpbaarder wordt. Het helpt ook verklaren waarom elites in New York en Washington – met inbegrip van de Clinton-campagne en een groot deel van de pers – zo ontsteld waren over het winnen van de verkiezingen in 2016 door Trump.

'Als algoritmen de wereld voor ons gaan beheren,' waarschuwde Pariser in een TED-talk in 2011, 'als zij gaan bepalen wat wij te zien krijgen en wat we niet te zien krijgen, dan moeten we ervoor zorgen dat ze niet alleen zijn ingesteld op relevantie, maar dat ze ons ook dingen laten zien die ongemakkelijk, lastig of belangrijk zijn, oftewel andere standpunten.'[28]

7

AANDACHTTEKORT

Als je wilt weten hoe dingen echt werken, moet je ze bestuderen als ze uit elkaar vallen.

– William Gibson, *Zero History*[1]

Voor de verspreiding van nepnieuws en het ondermijnen van het geloof in objectiviteit is de technologie een uiterst ontvlambare accelerator gebleken. We worden ons steeds meer bewust van de duistere kant van wat ooit gezien werd als een transformerende katalysator voor innovatie.

Tim Berners-Lee, die in 1989 een concept uitwerkte voor wat het World Wide Web zou worden, zag een universeel informatiesysteem voor zich, dat mensen door taal- en locatiebarrières heen met elkaar verbond en informatie deelde die een ongekende creativiteit en het oplossen van veel problemen tot gevolg zou hebben.[2] Een soort goedaardige versie van Borges' oneindige bibliotheek, waarin alles bestond, maar in dit geval ook kon worden teruggehaald om op een praktische en vindingrijke manier te gebruiken.

'De opkomst van het web was een zeldzame gelegenheid waarbij we kennismaakten met nieuwe, positieve informatie over het menselijk potentieel,' schrijft Jaron Lanier in zijn boek *You Are Not a Gadget*. 'Wie had (in ieder geval in het begin) kunnen denken dat miljoenen mensen zoveel moeite zouden stoppen in een project waarbij geen sprake was van reclame, commerciële motieven, dreiging met straf, charismatische figuren, identiteitspolitiek, exploitatie van de angst voor de dood, of welke andere klassieke drijfveer van de mensheid dan ook. Massaal deden mensen iets gezamenlijk, alleen maar omdat het een goed idee was, en het was prachtig.'

De kern van deze collectieve onderneming in die vroege dagen, herinnert Lanier zich, was 'het heerlijke geloof in de aard van de mens. Als we individuen krachtiger maakten, zo geloofden we, dan zou daar meer goed dan kwaad uit voortkomen. De manier waarop internet sindsdien ontaardde, is echt pervers.'[3]

Hetzelfde web dat informatie democratiseerde, (enkele) regeringen dwong tot meer transparantie en iedereen, van politieke dissidenten tot wetenschappers en artsen, in staat stelde met elkaar in contact te komen, ditzelfde web, beginnen mensen te ontdekken, kan door slechte acteurs worden geëxploiteerd om verkeerde informatie en desinformatie, wreedheid en vooroordeel te verspreiden. De mogelijkheid om op het web anoniem te blijven, leidde tot een verderfelijk gebrek aan verantwoordelijkheid en gaf pestkoppen en trollen de ruimte. Grote bedrijven in Silicon Valley hebben gebruikersgegevens verzameld op een schaal vergelijkbaar met die van het Bureau voor Nationale Veiligheid. De explosie van het internetgebruik heeft ook een groot deel van de dynamiek die in de hedendaagse cultuur al volop gaande was, nog eens uitvergroot: van de navelstaarderij van de 'ik'- en 'selfie'-generaties tot het isolement van mensen in ideologische silo's en de relativering van de waarheid.

De enorme hoeveelheid data op het web stelt mensen in staat er naar believen feiten, fabeltjes of onwaarheden uit te plukken die hun eigen standpunten ondersteunen, en moedigt zowel academici als amateurs aan om materiaal te zoeken dat hun theorieën ondersteunt, in plaats van empirisch bewijs te onderzoeken om tot rationele conclusies te komen. Zoals Nicholas Carr, voormalig uitgever van het *Harvard Business Review* schrijft in *The Shallows: What the Internet Is Doing to Our Brains*: 'We zien het bos niet als we op het web zoeken. We zien de bomen zelfs niet. We zien twijgen en bladeren.'[4]

Op het web, waar clicks alles zijn en entertainment en nieuws steeds verder met elkaar verweven raken, komt materiaal dat sensationeel, bizar of ongehoord is, bovenaan te staan, samen met posts die op een cynische manier appelleren aan ons reptielenbrein: aan primitieve emoties als angst, haat en woede.

In dit tijdperk van nerveuze afleiding en een enorme overdaad aan informatie is aandacht het kostbaarste artikel op internet. En zoals rechtsgeleerde Tim Wu opmerkt in zijn boek *The Attention Merchants*, leerden sites aan het begin van het tweede decennium van de eenentwintigste eeuw geleidelijk aan hoe ze content consequent viraal konden laten gaan; dikwijls werd de 'drang tot delen geactiveerd door een scala aan "hoge-*arousal*"-emoties, zoals ontzag, verontwaardiging en angst'.[5]

In 2015, schrijft Wu, werd het web – ooit 'een plek voor iedereen, met ruimte voor excentrieke amateurs op allerhande interessegebieden' – overstroomd door 'commerciële junk, waarvan een groot deel was gericht op de allerbanaalste menselijke neigingen tot voyeurisme en prikkeling'. Er waren inmiddels 'uitgestrekte duistere gebieden' – zoals 'die van de vleiende *listicles* en de onzinverhalen over beroemdheden' – die 'bedacht werden met geen ander doel dan het publiek gedachteloos erop los te laten klikken en delen en zo de bijbehorende advertenties te verspreiden als een lelijke verkoudheid'.[6]

Terwijl in het nieuwe millennium het vertrouwen van het publiek in de media afkalfde (onderdeel van een toenemend wantrouwen jegens instellingen en 'poortwachters', en tevens van een georkestreerde poging van de rechtervleugel om de mainstreampers in diskrediet te brengen), begonnen steeds meer mensen hun nieuws te betrekken via Facebook, Twitter en andere online-bronnen: in 2017 zei twee derde van de Amerikanen dat ze in ieder geval een deel van hun nieuws van sociale media haalden.[7] Dit vertrouwen op familie, vrienden, Facebook en Twitter om aan nieuws te komen, zou het gulzige monster van het nepnieuws voeden.

Nepnieuws is uiteraard niets nieuws: sensationele berichtgeving in de pers hielp de steun van het publiek aanwakkeren voor de Spaans-Amerikaanse oorlog, en Julius Caesar verzon het verhaal dat de verovering van Gallië een preventieve actie was.[8] Maar internet en de sociale media maken het mogelijk dat geruchten, speculatie en leugens zich in enkele seconden over de hele wereld verspreiden: zoals de idiote Pizzagate-verhalen en het verzinsel dat de man achter de massamoord op 58 mensen in Las Vegas in oktober 2017 een anti-Trump-*liberal* en volger van MoveOn.org was en zich recentelijk tot de islam had bekeerd.[9]

Tijdens de laatste drie maanden van de presidentiële campagne van 2016 rapporteerde BuzzFeed News over 'top'-nepnieuwsverhalen over de verkiezingen op Facebook die meer betrokkenheid van lezers genereerden dan artikelen van grote nieuwsorganisaties als *The New York Times*, *The Washington Post*, NBC News en *The Huffington Post*. De twintig nepverhalen waren op drie na pro-Trump of anti-Hillary; een beweerde dat Clinton wapens had verkocht aan ISIS, en een ander dat de paus Trump steunde.[10] Een onderzoek van het Internet Institute van Oxford University wees uit dat een netwerk van Trump-supporters op Twitter meer junknieuws liet circuleren dan welke andere politieke groepering uit de onderzoeksgroep ook. En volgens een *Politico*-analyse uit 2018 stemden kiezers in zogenaamde nieuwswoestijnen – plaatsen waar maar weinig mensen een nieuwsabonnement hebben – massaler op Trump dan kiezers in plaatsen waar onafhankelijke media zijn beweringen konden natrekken.[11]

Toen de rol die de sociale media hadden gespeeld bij het verspreiden van nepnieuws, en het gedogen van Russische pogingen om zich met de Amerikaanse presidentsverkiezingen in 2016 te bemoeien, steeds duidelijker werd, maakten sommige insiders van Silicon Valley een soort existentiële crisis door. Ze maakten zich zorgen dat de magische gereedschappen die ze hadden helpen maken een soort monsters van Frankenstein werden. Pierre Omidyar, de oprichter van eBay, schreef dat 'de monetisatie en manipulatie van informatie ons in rap tempo uiteenrijten',[12] en gaf opdracht voor het samenstellen van een witboek over het effect dat sociale media op verantwoordelijkheid, vertrouwen en onze democratie hebben.

'Het systeem werkt niet,' zei Tim Berners-Lee. Hij was nog steeds een optimist, zei hij, 'maar een optimist die op de top van de heuvel staat, terwijl een akelige storm me in het gezicht blaast en ik me vastklamp aan een hek'.[13]

In een gloedvol essay schreef Roger McNamee, een vroege investeerder in Facebook, dat de manipulatie van Facebook, Twitter, Google en andere platforms door de Russen, met als doel het beïnvloeden van de uitslag van de verkiezingen in Amerika in 2016 en van het Brexit-referendum, slechts het topje van een enorme ijsberg was; tenzij er fundamentele veranderingen optraden, waarschuwde hij, zouden deze platforms opnieuw gemanipuleerd gaan worden en zou 'het niveau van het politieke discours, dat zich toch al in het riool bevond, zelfs nog lager worden'.[14]

De problemen, voerde McNamee aan, waren inherent aan de logaritmen die door platforms als Facebook worden gebruikt om de betrokkenheid van de gebruiker zo groot mogelijk te maken. Hoe meer tijd leden op een platform doorbrengen, hoe meer advertenties een bedrijf verkoopt en hoe meer winst het maakt, en de manier om de betrokkenheid te maximeren is 'door jouw data op te slokken en te analyseren, dit te gebruiken om te voorspellen wat jou ertoe zal brengen om zo heftig mogelijk te reageren, en je daar dan meer van aan te bieden'. Dit creëert niet alleen de filterbubbels die mensen opsluiten in partijdige silo's, maar begunstigt ook simplistische, provocerende boodschappen. Samenzweringstheorieën gaan op sociale media gemakkelijk *viral*. En hetzelfde geldt voor versimpelde, opruiende politieke boodschappen – zoals die in omloop werden gebracht door de Trump-campagne en de Vote Leave-partij in Groot-Brittannië, appellerend aan primitieve emoties als de angst voor immigranten of woede over verdwijnende banen. Dergelijke populistische boodschappen, zo getuigen historici, neigen ertoe aantrekkelijker te worden in tijden van economische onzekerheid (zoals in de nog voelbare nasleep van de financiële crisis van 2008 en de toenemende inkomensongelijkheid) en van culturele en sociale verandering (zoals het geval is met globalisering en ingrijpende technologische innovatie).

Trumps door haat gedreven boodschap sloot bijna naadloos aan bij de algoritmen van de sociale media. Steve Bannon zei tegen journalist Michael Lewis dat Trump niet alleen een boze man was, maar ook het unieke vermogen bezat om gebruik te maken van de woede bij anderen: 'Wij werden gekozen met Leeg het moeras, Sluit haar op, Bouw een muur (Drain the Swamp, Lock Her Up, Build a Wall). Dit was pure woede. Woede en angst drijven mensen naar de stembureaus.'[15]

Tegelijkertijd maakte de Trump-campagne op sluwe en machiavelliaanse wijze gebruik van sociale media en *big-data tools*; informatie van Facebook en Cambridge Analytica (een dataverwerkingsfirma, deels eigendom van Trump-supporter en Breitbart-investeerder Robert Mercer, die er prat op gaat psychologische profielen te kunnen opstellen van miljoenen potentiële kiezers) werd gebruikt om reclame af te stemmen op kiezers en te bepalen welke plaatsen de Trump-campagne moest aandoen.[16]

Facebook onthulde dat de gegevens van wel 87 miljoen mensen mogelijk op onoorbare wijze zijn gedeeld met Cambridge Analytica, dat de informatie gebruikte om tools te ontwikkelen die ten doel hadden het gedrag van kiezers te voorspellen en beïnvloeden.[17] Een voormalige medewerker van Cambridge Analytica zei dat Steve Bannon in 2014 de leiding had bij pogingen om kiezers te overtuigen waarbij tegen het establishment gerichte boodschappen – zoals 'Leeg het moeras' en 'deep state' – geïdentificeerd en getest werden.[18]

De directeur digitale media van de Trump-campagne, Brad Parscale, vertelde hoe Facebooks reclametools zijn gebruikt om potentiële aanhangers gericht te benaderen met op hen toegesneden advertenties, waarbij dagelijks zo'n 50.000 tot 60.000 advertenties werden gemaakt waarin taal, graphics en zelfs kleuren continu werden gefinetuned in een poging een gunstige respons uit te lokken.[19]

De campagne maakte ook gebruik van zogenaamde 'dark posts' (alleen zichtbaar voor de gebruiker) en lanceerde drie operaties om kiezers van stemmen te weerhouden, volgens een hoge campagnefunctionaris die geciteerd werd in *Bloomberg Business Week*: een richtte zich op aanhangers van Bernie Sanders, een andere op jonge vrouwen (die, zo meende de campagne, boos konden worden als ze herinnerd werden aan Bill Clintons scheve schaatsen – eigenaardig, gezien Trumps eigen schandalen met vrouwen), en een derde op Afro-Amerikanen (die, zo meende de campagne, mogelijk niet op Clinton zouden stemmen als ze herinnerd werden aan de term 'superroofdieren' die zij in 1996 had gebruikt in verband met het anti-misdaadinitiatief van haar echtgenoot).[20]

Meestermanipulators van de sociale media bij de verkiezingen van 2016 waren uiteraard de Russen, wier langetermijndoelstelling – het vertrouwen van de kiezers in de democratie en het verkiezingsstelsel te ondermijnen – uitstekend paste bij hun kortetermijndoelstelling om de uitslag naar de kant van Trump te doen uitslaan. Amerikaanse inlichtingenbureaus kwamen ook tot de conclusie dat Russische hackers e-mails stalen van het Democratische Nationaal Comité, die later aan WikiLeaks werden doorgegeven. Deze complotten maakten allemaal deel uit van een georkestreerde poging van het Kremlin – die na Poetins herverkiezing in 2012 werd opgevoerd – om asymmetrische, niet-militaire middelen te gebruiken om zijn doel te bereiken: het verzwakken van de Europese Unie en de NAVO, en het ondermijnen van het vertrouwen in globalisering en het westerse democratische liberalisme. Met dit doel voor ogen heeft Rusland in Europa populistische partijen gesteund, zoals Marie Le Pens uiterst rechtse Front National in Frankrijk, en zich in recente jaren bemoeid met verkiezingen in ten minste negentien Europese landen. Het gaat ook nog steeds door met campagnes om desinformatie te verspreiden via kanalen van de staatsmedia, zoals Spoetnik en RT.[21]

Over de Amerikaanse verkiezingen vertelde Facebook aan het Congres dat Russische agenten tussen juni 2015 en augustus 2017 ongeveer 80.000 posts op Facebook hebben geplaatst, die door 126 miljoen Amerikanen gezien konden zijn, meer dan de helft van de geregistreerde kiezers in het land. Sommige Russische posts trachtten Trump actief te promoten of Clinton te beschadigen; andere waren simpelweg bedoeld om de bestaande verdeeldheid in de Amerikaanse samenleving over kwesties als ras, immigratie en wapenbezit nog te vergroten. Zo was er een post van een nepgroep, South United genaamd, met een vlag van de Confederatie en 'een oproep aan het Zuiden om weer in opstand te komen'. En een andere post van een nepgroep genaamd Blacktivist ter herdenking van de Zwarte Panters. Ook was er een Facebook-advertentie, 'Veilige Grenzen' genaamd, met een bord met de tekst 'Verboden voor invallers'.[22]

'De strategie is om een scheur in onze samenleving te veranderen in een grote kloof,' zei senator Angus King van de staat Maine tijdens een hoorzitting van de Inlichtingencommissie van de Senaat over de Russische inmenging in de verkiezingen.[23]

Uit de rapportage in verschillende publicaties[24] blijkt dat YouTubes aanbevelingstoepassing gebruikers in de richting leek te voeren van content die gericht was op verdeelheid, sensatiebelust was en neigde naar samenzweringstheorieën. Twitter constateerde dat meer dan 50.000 aan Rusland gekoppelde accounts op zijn platform materiaal postten over de verkiezingen van 2016. Uit een rapport van Oxford University bleek dat in de aanloop naar de verkiezingen de hoeveelheid links op Twitter naar 'Russische nieuwsverhalen, niet-geverifieerde of irrelevante links naar WikiLeaks-pagina's, of nepnieuws' het aantal links naar professioneel onderzocht en gepubliceerd nieuws overtrof. Uit het rapport bleek ook dat 'gemiddelde niveaus van onjuiste informatie hoger waren in de "swing states"' – zoals Florida, North Carolina en Virginia – dan in staten waarin al duidelijk was welke kandidaat ging winnen.

De Russen waren niet alleen heel bekwaam geworden in het genereren van nepnieuws, maar ook in het verzinnen van nep-Amerikanen die commentaar gaven op dit nepnieuws en die zich aansloten bij Amerikaanse nepgroepen. Een medewerker van een Russische 'trollenfabriek', Vitali Bespalov, die in een propagandafabriek in St.-Petersburg werkte, de Internet Research Agency (IRA), vertelde aan ABC News dat het werk 'een carrousel van leugens' was. De werknemers op de werkvloer schreven nepnieuwsverhalen met verwijzing naar blogposts geschreven door medewerkers op de tweede verdieping, terwijl collega's commentaren postten op die berichten onder valse namen en andere posts op sociale media coördineerden. Volgens Amerikaanse inlichtingenbronnen waren sommige IRA-accounts bezig geweest met het produceren van pro-Russische propaganda over Oekraïne, maar waren die al in december 2015 overgestapt op pro-Trump-berichten.[25]

Toen de *Access Hollywood*-tape, waarin Trump praat over het betasten van vrouwen, voor de verkiezingen naar buiten kwam, schoten Russische Twitter-agenten hem te hulp; ze haalden uit naar de mainstreammedia en probeerden de aandacht weer terug te leiden naar belastende e-mails die gehackt waren van Clintons campagnevoorzitter, John Podesta. Dergelijke steun voor Trump ging door nadat hij zijn intrek in het Witte Huis had genomen; zo probeerden pro-Kremlin-accounts onrust te stoken over zaken als de controverse rond NFL-spelers die knielden tijdens het spelen van het volkslied. Tegen het einde van 2017 leken deze Russische accounts zich echter steeds vaker te richten op het ondermijnen van speciaal aanklager Robert Mueller en zijn onderzoek naar de Russische inmenging in de verkiezingen.[26]

Rusland schijnt ook ingesprongen te zijn in het debat in de Verenigde Staten over de beslissing van de Trump-regering om de netneutraliteit af te schaffen – een besluit waar 83 procent van de Amerikanen zich tegen uitsprak in een opiniepeiling, gehouden kort voordat de Amerikaanse toezichthouder FCC ermee instemde de regels uit de Obama-periode, die vereisten dat internetproviders al het webverkeer op gelijke wijze behandelen, te schrappen. Alvorens haar besluit aan te kondigen had de FCC gezegd dat het publiek commentaar over de kwestie verwelkomde, maar naar het schijnt waren veel van de commentaren die zij ontving nep of dubbel. Uit een onderzoek bleek dat 444.938 reacties afkomstig waren van Russische e-mailadressen en dat meer dan 7,75 miljoen reacties afkomstig waren van e-maildomeinen die gekoppeld waren aan FakeMailGenerator.com en in vrijwel gelijke bewoordingen waren gesteld.[27]

Trollenfabrieken en 'botlegers' worden gebruikt door politieke partijen en regeringen van landen als Rusland, Turkije en Iran om propaganda te verspreiden, andersdenkenden te bestoken, sociale netwerken te overspoelen met onjuiste informatie en de illusie van populariteit of momentum te wekken door middel van likes, retweets of shares. Een onderzoek van Oxford University stelde: 'Wanneer politieke partijen of kandidaten het manipuleren van sociale media inzetten als onderdeel van hun campagnestrategie, zetten ze deze strategie soms voort als ze eenmaal aan de macht zijn.[28] Zo gaan in de Filippijnen veel van de zogenaamde "toetsenbordtrollen", ingehuurd om tijdens de verkiezingscampagne propaganda voor presidentskandidaat Duterte te verspreiden, nu hij aan de macht is door met het verspreiden en vermeerderen van boodschappen ter ondersteuning van zijn beleid.'

Het gebruik van bots om de publieke opinie te manipuleren, is slechts een van de factoren die aan bod komen in het rapport van de Omidyar Group over het effect van sociale media op het publieke discours. Behalve dat ze polarisatie vergroten, concludeert het rapport, neigen sociale media er ook toe het vertrouwen in instituties te ondermijnen en maken ze het lastiger het soort met feiten onderbouwde debatten en discussies te voeren dat essentieel is voor de democratie. De *micro-targeted* advertenties op sociale media en de algoritmen die ontwikkeld zijn om mensen op maat gesneden news feeds te bezorgen, doen de grenzen vervagen tussen wat populair is en wat verifieerbaar, en verminderen het vermogen van mensen om deel te nemen aan een groepsgesprek.[29]

Waarschijnlijk wordt het allemaal alleen maar erger, vooral wanneer het Witte Huis blijft ontkennen dat de Russen bemoeienis hebben gehad met de verkiezingen en geen actie onderneemt tegen wat Michael Hayden, een voormalig directeur van de NSA en de CIA, de 'meest succesvolle geheime beïnvloedingsoperatie uit de geschiedenis' heeft genoemd. Het hoofd van de cyberafdeling van het ministerie van Binnenlandse Veiligheid onthulde dat de Russen tijdens de verkiezingen van 2016 hebben geprobeerd in te breken in de verkiezingssystemen in 21 staten en met succes in enkele daarvan zijn binnengekomen. En een computerbeveiligingsfirma rapporteerde dat dezelfde Russische hackers die in 2016 DNC-e-mails stalen, het voorzien hadden op Senaatsaccounts in de aanloop naar de tussentijdse Congresverkiezingen van 2018.[30]

Rusland probeerde zich ook te mengen in verkiezingen in Duitsland, Frankrijk en Nederland en ook in het Brexit-referendum in het Verenigd Koninkrijk. Het gemak waarmee het infiltreerde in de verkiezingen van 2016 in Amerika (en de straffen die het in het eerste jaar van de regering-Trump ontliep) hebben het land ongetwijfeld nog driester gemaakt. Politici in Mexico en andere landen vrezen nu dat ze de volgende zijn op Poetins lijstje en zetten zich schrap voor ontwrichtende golven nepnieuws en propaganda.[31]

Waarschijnlijk zullen technologische ontwikkelingen de zaken nog gecompliceerder maken. Vorderingen op het gebied van virtual reality en automatisch leren zullen weldra resulteren in gemanipuleerde beelden en video's die zo overtuigend zijn, dat ze moeilijk van echte onderscheiden kunnen worden. Stemmen kunnen al gereproduceerd worden op basis van audio-samples, en gezichtsuitdrukkingen kunnen met behulp van kunstmatige-intelligentieprogramma's worden gemanipuleerd. In de toekomst kunnen we worden blootgesteld aan realistische video's waarin politici dingen zeggen die ze in werkelijkheid nooit gezegd hebben: Baudrillards 'simulacrum' dat tot leven is gekomen. Het zijn *Black Mirror*-achtige ontwikkelingen, die een aanslag betekenen op ons vermogen om onderscheid te maken tussen imitatie en echtheid, tussen wat nep is en de waarheid.[32]

8

'DE BRANDSPUIT VAN HET BEDROG'

PROPAGANDA EN NEPNIEUWS

Je kunt duizend man sneller van mening doen veranderen door een beroep te doen op hun vooroordelen dan één man overtuigen door logica.

– Robert A. Heinlein[1]

Rusland is het brandpunt van politieke discussie in Amerika en Europa vanwege de Russische inmenging in de Amerikaanse presidentsverkiezingen in 2016 en een groot aantal verkiezingen in de rest van de wereld. De methoden waarvan Rusland zich bij deze operaties bedient, getuigen van de complexe propagandamachine die het Kremlin in de loop van decennia heeft gebouwd, te beginnen bij de Koude Oorlog, en zijn nieuwe meesterschap op het terrein van cyberoorlogvoering, door middel van onder andere hacken, het verspreiden van nepnieuws en het gebruik van sociale media als wapen. Tegelijkertijd, en niet toevallig, werpt het denken van twee Russische figuren – Vladimir Lenin en de veel minder bekende Vladislav Soerkov, een voormalige postmodernistische theaterdirecteur die wel omschreven is als 'Poetins Raspoetin' en de meesterpoppenspeler van de propaganda van het Kremlin[2] – licht op veel van de verontrustende politieke en sociale dynamiek die in het post-waarheidstijdperk aan het werk is.

Bijna een eeuw na zijn dood is Lenins revolutiemodel angstaanjagend duurzaam gebleken. Zijn doel – niet het verbeteren van de staatsmachinerie, maar het vernietigen ervan, met al zijn instellingen – is door veel eenentwintigste-eeuwse populisten omarmd. En dat geldt ook voor veel van zijn tactieken, van zijn gebruik van verwarring en chaos als middelen om de massa op de been te brengen, tot zijn simplistische (en altijd gebroken) utopische beloften en zijn giftige retoriek waarmee hij alles aanviel wat maar enigszins riekte naar een onderdeel van de status-quo.

Zijn opruiende taalgebruik, legde Lenin ooit uit, was 'erop berekend om haat, weerzin en verachting op te roepen'; dergelijke bewoordingen waren 'niet bedoeld om te overtuigen, maar om de rijen van de tegenstanders open te breken, niet om de fouten van de tegenstander te corrigeren, maar om hem te vermorzelen, om zijn organisatie van de kaart te vegen. Deze bewoordingen zijn inderdaad van een dergelijke aard dat ze de ergste gedachten oproepen, de ergste vermoedens over de tegenstander.'[3] Dit alles klinkt in hoge mate als een model voor het soort taal dat Trump en zijn volgelingen bezigden toen ze Hillary Clinton tijdens de campagne van 2016 aanvielen ('Sluit haar op!'), het soort taal dat radicale voorstanders van de Vote Leave-campagne in Groot-Brittannië gebruikten, het soort taal dat in toenemende mate wordt gebruikt door rechtse populisten aan weerszijden van de Atlantische Oceaan.

Journalist Anne Applebaum identificeerde een hele groep 'neo-bolsjewieken' – onder wie Trump, Nigel Farage in Groot-Brittannië, Marine Le Pen in Frankrijk, Jarosław Kaczyński in Polen en de Hongaarse premier Viktor Orbán – die net als Lenin en Trotski begonnen vanuit de politieke marge en op een golf van populisme een prominente positie verwierven. In 2017 schreef ze 'dat ze in extreme mate Lenins weigering tot compromissen hebben overgenomen, en ook zijn antidemocratische verheffing van bepaalde sociale groepen boven andere en de van haat vervulde aanvallen op zijn "onwettige" tegenstanders'.[4]

Veel van de succesvollere neo-bolsjewieken, licht Applebaum toe, hebben hun eigen 'alternatieve media' gecreëerd, gespecialiseerd in desinformatie, haatzaaien en het 'trollen' van tegenstanders. Liegen is niet alleen een routine maar ook een kwestie van overtuiging: zij geloven, schrijft zij, 'dat de gewone moraliteit niet op hen van toepassing is. [...] In een verrotte wereld kan de waarheid worden opgeofferd in naam van "het volk", of als middel om "vijanden van het volk" aan te pakken. In de strijd om de macht is alles toegestaan.'

Feitelijk, schrijft biograaf Victor Sebestyen in een biografie van Lenin, is de leider van de bolsjewieken 'de peetvader van wat commentatoren een eeuw na zijn tijd de "post-waarheid-politiek" noemen', en is hij in veel opzichten een 'door en door modern politiek verschijnsel – het soort demagoog dat ons in westerse democratieën vertrouwd is, en ook in dictaturen'. Iedereen, voegt Sebestyen eraan toe, 'die recente verkiezingen heeft meegemaakt in de zogenaamd geavanceerde politieke culturen in het Westen zou hem kunnen herkennen'.[5]

Steve Bannon, de voormalige adviseur van Trump (inmiddels van hem vervreemd) en voormalig hoofdredacteur van Breitbart News omschreef zichzelf eens tegenover een journalist als 'een leninist'. In

2013 vertelt Ronald Radosh in *The Daily Beast* dat Bannon zei: 'Lenin wilde de staat vernietigen, en dat is ook mijn doel. Ik wil alles in elkaar laten donderen en het hele huidige establishment vernietigen.'[6] De conservatieve miljardair Robert Mercer, die Cambridge Analytica hielp financieren, vindt zo weinig mogelijk overheid het beste. Een voormalige medewerker uit de top van Mercers hedgefonds zei tegen Jane Mayer van *The New Yorker*: 'Hij wil dat het allemaal ineenstort.'[7]

Het is niet verwonderlijk dat de twee landen die de zwarte kunst van de propaganda in de twintigste eeuw volledig beheersten, de totalitaire staten nazi-Duitsland en de Sovjet-Unie waren. Hun technieken om de massa te manipuleren en hun van haat vervulde ideologieën te promoten zijn doorgesijpeld naar verschillende generaties autocraten en demagogen overal ter wereld. Lenin specialiseerde zich in beloften die hij nimmer hield. 'Hij bood simpele oplossingen voor complexe problemen,' schreef Sebestyen in zijn biografie van de bolsjewistische leider. 'Hij loog op onbeschaamde wijze. Hij identificeerde zondebokken die hij later het etiket "vijanden van het volk" kon opplakken. Hij rechtvaardigde dat door te stellen dat winnen alles betekende: het doel heiligde de middelen.'[8]

Hitler wijdde hele hoofdstukken van *Mein Kampf* aan het onderwerp propaganda, en zijn uitlatingen, en die van zijn propagandaminister Joseph Goebbels, zouden een soort knipselboek voor autocraten in de dop vormen: speel in op de emoties van mensen, niet op hun intellect; gebruik 'stereotiepe formules' die eindeloos herhaald worden; val tegenstanders voortdurend aan en duid hen aan met kenmerkende zinsneden of leuzen die bij het publiek instinctieve reacties zullen oproepen.[9]

Hitler, door biografen beschreven als een narcist met gevoel voor drama, bezat al vanaf het begin een instinctief talent om de aandacht van het publiek te trekken. 'Wie kan het wat schelen of ze ons uitlachen of beledigen, of ze ons als gekken of criminelen behandelen?' schreef hij over zijn vroegen pogingen om naam te maken. 'Waar het op aankomt, is dat ze over ons praten en constant aan ons denken.'[10] Net als Lenin legde hij sterk de nadruk op de noodzaak 'de bestaande orde te verstoren' en 'op die manier ruimte te maken voor de penetratie' van nieuwe doctrines.[11]

In *The Origins of Totalitarianism* bestudeert Hannah Arendt de essentiële rol die propaganda speelde bij het *gaslighten* van de bevolking in nazi-Duitsland en de Sovjet-Unie; ze schrijft dat 'in een voortdurend veranderende, onbegrijpelijke wereld de massa's het punt hadden bereikt waarop ze tegelijkertijd alles en niets zouden geloven, zouden denken dat alles mogelijk was en dat niets waar was'.

'De massapropaganda,' schrijft ze, 'ontdekte dat haar publiek altijd bereid was het ergste te geloven, hoe absurd ook, en niet bijzonder protesteerde tegen het feit dat het bedrogen werd, omdat het elke verklaring toch al voor een leugen versleet. De totalitaire massaleiders baseerden hun propaganda op de correcte psychologische aanname dat je onder dergelijke omstandigheden mensen de ene dag de meest fantastische verklaringen kon laten geloven en erop te vertrouwen dat als ze de dag daarop onweerlegbaar bewijs van de onjuistheid ervan kregen aangereikt, hun toevlucht zouden nemen tot cynisme; in plaats van de leiders die tegen hen gelogen hadden in de steek te laten, zouden ze protesteren dat ze aldoor al wisten dat de verklaring een leugen was en zouden ze de leiders bewonderen om hun superieure tactische inzicht.'[12]

Rusland gebruikt nog steeds propaganda om precies dezelfde doelen te bereiken: zijn eigen volk af te leiden en uit te putten (en in toenemende mate ook burgers van andere landen), om het murw te maken met zo'n stortvloed aan leugens dat ze ophouden weerstand te bieden en zich terugtrekken in hun privébestaan. Een rapport van de Rand Corporation noemde dit propagandamodel van Poetin 'de brandspuit van het bedrog' – een niet-aflatende, zeer intense stroom leugens, gedeeltelijke waarheden en complete verzinsels die met onuitputtelijke agressie wordt uitgespuwd om de waarheid aan het zicht te onttrekken en die iedereen die probeert op te letten overweldigt en verwart.[13]

'De Russische propaganda hecht niet aan de objectieve werkelijkheid,' volgens het rapport: soms worden verzonnen bronnen gebruikt, evenals verzonnen bewijs (trucagefoto's, in scène gezette verslaggeving ter plaatse, geënsceneerde beelden met acteurs die het slachtoffer spelen van zogenaamde wreedheden of misdaden). 'Russische nieuwszenders, zoals RT en Spoetnik Nieuws,' vervolgt het rapport, 'zijn eerder een mengeling van infotainment en desinformatie dan journalistiek gebaseerd op gecontroleerde feiten, hoewel hun format opzettelijk aandoet als dat van echte nieuwsprogramma's.'[14]

Russische propaganda, die in de aanloop naar de verkiezingen van 2016 in Amerika en verkiezingen in Europa op uitgebreide schaal werd geëxporteerd, reageert aan de lopende band op het laatste nieuws en wordt eindeloos gerecycled, in grote hoeveelheden en in hoog tempo, via verschillende mediakanalen om de indruk te wekken dat er meerdere bronnen zijn. Omdat Russische trollen zich niet bekommeren om geloofwaardigheid of tegenstrijdigheden, kunnen ze hun fictieve versie van gebeurtenissen vaak al uitsturen voordat legitieme nieuwsorganisaties accurate verslagen kunnen uitbrengen, en doen ze hun voordeel met de psychologische geneigdheid van mensen om de eerste informatie die ze over een bepaald onderwerp ontvangen te geloven (en, zoals het Rand-rapport opmerkt, vervolgens 'de voorkeur te geven aan deze informatie wanneer ze geconfronteerd worden met conflicterende berichten').[15]

De enorme hoeveelheid *dezinformatsije* die door het Russische brandspuitsysteem wordt uitgestoten – evenals de meer geïmproviseerde maar niet minder omvangrijke stroom leugens, schandalen en schokkende berichten die Trump, de mensen van de GOP die toelaten dat hij dit doet, en media-apparatsjiks uitspuwen – overweldigt mensen vaak en maakt hen murw, terwijl ze tegelijkertijd de grenzen van de abnormaliteit doet vervagen en het onaanvaardbare normaal maakt. Verontwaardiging maakt plaats voor moe zijn van verontwaardiging, wat plaats maakt voor het soort cynisme en matheid dat degenen die de leugens verspreiden meer macht geeft. Zoals de voormalige wereldkampioen schaken en Russische voorvechter van democratie Garri Kasparov in december 2016 tweette: 'Het doel van moderne propaganda is niet alleen om verkeerde informatie te geven of iets door te drijven. Het doel is je kritische denkvermogen aan te tasten, de waarheid te elimineren.'[16]

Kies maar een metafoor: mensen op een dwaalspoor brengen, knollen voor citroenen verkopen, zand in de ogen strooien, in slaap wiegen... Het zijn allemaal tactieken om adrenaline-uitputting en nieuwsmoeheid teweeg te brengen, een strategie die perfect past bij onze ADD-wereld, ons met informatie overladen tijdperk – *this twittering world*, in de woorden van T.S. Eliot, waar mensen kunnen worden 'afgeleid van afleiding door afleiding'.[17]

In het digitale tijdperk is het online zaaien van verwarring door een spervuur van verkeerde informatie en desinformatie onderhand dé tactiek van propagandisten, verspreid over de hele wereld, zegt wetenschapper Zeynep Tufecki in haar inzichtelijke boek *Twitter and Tear Gas*.

'In de publieke sfeer van netwerken,' schrijft Tufekci, 'is het doel van de machtigen dikwijls niet om mensen te overtuigen van de waarheid van een bepaald verhaal of te verhinderen dat een bepaald brokje informatie naar buiten komt (wat steeds moeilijker wordt), maar om gelatenheid, cynisme en een gevoel van onmacht bij mensen teweeg te brengen.' Dit kan volgens haar op een aantal verschillende manieren plaatsvinden: mensen overspoelen met informatie; afleiding creëren om hun aandacht en scherpte te verminderen; media die accurate informatie geven verdacht maken; opzettelijk verwarring, angst en twijfel zaaien; bedrog plegen of opeisen; en 'treitercampagnes opzetten die bedoeld zijn om het voor geloofwaardige informatiekanalen lastiger te maken om hun werk te doen'.[18]

De hedendaagse Russische meester in propaganda, Vladislav Soerkov, die 'de echte genius van het Poetin-tijdperk'[19] is genoemd, heeft al deze en nog andere technieken gebruikt om Poetins weg naar de macht – en de consolidatie van die macht – mogelijk te maken. De *tradecraft* van de Russische agenten die tijdens de campagne voor de presidentsverkiezingen in 2016 een geavanceerde desinformatiecampagne uitvoerden, draagt in veel opzichten het stempel van Soerkovs ensceneringspraktijken.

De journalist Peter Pomerantsev, auteur van het boek *Nothing is True and Everything is Possible*, omschreef Soerkov als de impresario die de Russische politiek heeft omgevormd tot een realityshow waarin 'democratische instituties worden gehandhaafd, maar zonder democratische vrijheden'.

'Hij heeft een nieuwe vorm van autoritarisme helpen uitvinden, niet gebaseerd op het vermorzelen van de oppositie van bovenaf,' schreef Pomerantsev in 2014, 'maar op het binnendringen van verschillende belangengroepen om die van binnenuit te manipuleren.' Een voorbeeld: 'Nationalistische leiders als Vladimir Zjirinovski dienden de rechtse clown uit te hangen om de heer Poetin in vergelijking gematigder te laten lijken.'

'Aan de ene kant,' vervolgde Pomerantsev, 'steunde de heer Soerkov mensenrechtengroeperingen bestaande uit voormalige dissidenten; aan de andere kant organiseerde hij pro-Kremlin-jongerengroepen als Nasji, die leiders van mensenrechtenbewegingen ervan beschuldigde handlangers van het Westen te zijn.' Alle kampen tegen elkaar uit te spelen om chaos te creëren was een manier om ervoor te zorgen dat het Kremlin alle touwtjes in handen hield, terwijl desinformatie werd gebruikt om de werkelijkheid te herscheppen.[20]

Dezelfde soort Soerkov-achtige manipulatie lag ten grondslag aan de Russische inspanningen om de Amerikaanse verkiezingen in 2016 te verstoren door de rol te spelen van Amerikanen en van alledaagse politieke groeperingen op sociale media. Zoals beschreven in een 37 pagina's tellende aanklacht, ingebracht door speciaal aanklager Robert Mueller, betrof het een doorwrocht plan waarbij honderden agenten, werkzaam voor het Internet Research Agency (de Russische trollenfirma, met Sint-Petersburg als basis) betrokken waren. Deze agenten – een aantal van hen reisde onder valse voorwendsels naar Amerika – creeerden honderden valse accounts op sociale media, waarbij ze zich voordeden als (en soms de identiteit stalen van) echte Amerikanen en gebruikmaakten van een Amerikaanse server om hun locatie in Rusland te verhullen. Via deze valse personages postten de Russen materiaal op Facebook, Instagram, Twitter en YouTube, en verzamelden ze een substantiële aanhang. Hun missie: het verspreiden van schadelijke informatie over Hillary Clinton (en tijdens de voorrondes over Ted Cruz en Marco Rubio) en het zaaien van wantrouwen over het politieke systeem in zijn algemeenheid. Behalve dat ze hun best deden de tegenstellingen tussen kiezers over kwesties als immigratie, religie en ras te vergroten, verspreidden de Russen ook nepnieuws dat erop gericht was Trumps populariteit te vergroten en die van Clinton te schaden. Ze hielpen ook pro-Trump-bijeenkomsten organiseren en promoten, verspreidden geruchten over kiezersfraude door de Democratische Partij en begonnen 'Amerikaanse minderheidsgroepen ertoe aan te zetten niet te stemmen' bij de verkiezingen, of te stemmen op een kandidaat van de derde partij.

Sommige acties van de Russische agenten leken cynische stukjes Soerkoviaanse toneelkunst: het rekruteren van een echte Amerikaan om een bord op te houden met een afbeelding van Clinton en een nepcitaat dat zogenaamd van haar was: 'Ik geloof dat de sharia een krachtige nieuwe richting voor de vrijheid zal zijn'; het inhuren van een Amerikaan om een grote kooi te bouwen op een dieplader en een tweede Amerikaan om Clinton uit te beelden in gevangenisuniform.[21]

Soerkovs streven in Rusland was altijd hetzelfde, schreef Pomerantsev in *Politico*: 'om de grote, 140 miljoen mensen tellende bevolking aanhoudend moord en brand te laten schreeuwen over homo's en God, Satan, fascisten, de CIA en vergezochte geopolitieke nachtmerries'. Ervoor zorgen dat het land altijd uit balans en ietwat paranoïde was, was een manier om mensen voortdurend bezig te houden en aan te moedigen 'naar de "sterke hand" van het Kremlin te kijken ter bescherming'.[22]

Soerkov had als achtergrond de wereld van het theater en die van public relations, maar was daarnaast ook zogenaamd een bohemien die graag zinspeelde op zijn banden met avant-gardekunstenaars en postmoderne denkers. Hij hielp de Russische televisie omvormen tot, in de woorden van Pomerantsev, een 'kitscherige Poetin-verheerlijkende propagandamachine'[23] – niet saai en onbeholpen als de oude Sovjettelevisie, maar blits aan de oppervlakte op een manier die westers entertainment tot wapen maakte voor Russische doeleinden.

Over Soerkovs orkestratie van de Kremlin-propaganda is geschreven dat deze iets weg had van performancekunst: een geënsceneerd spektakel dat niet zozeer bedoeld was om een Sovjet-boodschap oude stijl over te brengen, maar om meerdere, vaak conflicterende verhaallijnen te creëren die verwarring scheppen en het moeilijk maken om werkelijkheid van fictie te onderscheiden. Er schuilt geen communistische ideologie in het Rusland van Poetin en Soerkov, maar alleen wat Pomerantsev 'macht omwille van de macht en het vergaren van gigantische rijkdom' noemde.

Om dit nihilistische doel te dienen, bediende Soerkov zich van argumenten die het bestaan van objectieve waarheid ontkennen. Hij schreef dat 'hypocrisie in het rationalistische paradigma van de westerse beschaving onvermijdelijk is' omdat 'spraak te lineair is, te formeel om de zogenaamde werkelijkheid te weerspiegelen' en omdat 'pretenderen te zijn wat je niet bent, om je intenties te verhullen, de belangrijkste techniek van biologisch overleven is'. In de klassieke werken van Homerus, merkt hij op, is de eerlijke Achilles minder boeiend dan de 'listige' Odysseus – een soort held/bedrieger, handig in liegen en bedriegen – en die laatste is degene die overleeft. Alle narratieven zijn accidenteel, suggereert Soerkov, en alle politici zijn leugenaars; daarom zijn de alternatieve feiten die van het Kremlin afkomstig zijn (en van Donald Trump) even valide als die van ieder ander.

In november 2017 publiceerde de Russische site RT een essay van Soerkov, waarin op Derrida geïnspireerde argumenten worden aangehaald over de onbetrouwbaarheid van taal – en de kloof tussen woorden en betekenis – om te suggereren dat westerse ideeën over waarheidsgetrouwheid en transparantie naïef en niet subtiel zijn. Dit stuk, guitig en ondoorzichtig tegelijk, belichaamt Soerkovs transactionele kijk op de wereld, waarin ironie de voorkeur geniet boven oprechtheid en bedrog boven eerlijkheid, en strooit met toespelingen op popmuziek – zoals de heavymetalband Five Finger Death Punch (Soerkov citeert de tekst van 'Wash It All Away' instemmend).

Soerkovs essay eindigt met een gewichtig verhaal over hoe het Romeinse Rijk de plaats innam van de Romeinse republiek, met als suggestie dat de republiek faalde doordat ze verstrikt raakte in haar 'geavanceerde systeem van evenwicht tussen de drie staatsmachten' en behoefte had aan 'de hulp van een eenvoudige keizer aan de top'. Onheilspellend suggereert hij dat ook Amerika erop wacht om door 'een sterke hand' uit de toenemende chaos te worden getrokken.[24] Een bewering die doet denken aan de denktrant van een rechtse, antidemocratische filosofie die bekendstaat als 'neoreaction' of 'NRx', die aanhang begint te krijgen in de Verenigde Staten en voorziet dat er een leider naar voren komt die het land als een soort losgeslagen ceo zal gaan leiden.[25]

'De koning van het Westen,' schrijft Soerkov in zijn RT-essay, 'de stichter van de digitale dictatuur, de leider met semikunstmatige intelligentie is door stripboeken al voorspeld. Waarom worden deze stripboeken geen werkelijkheid?'

9

HET LEEDVERMAAK VAN DE TROLLEN

Voor een beetje anarchie zorgen. Als je de bestaande orde op zijn kop zet verandert alles in chaos. Ik handel in chaos.

– The Joker in *The Dark Knight*

Terwijl Soerkov eropuit lijkt te zijn het Russische nihilisme, aangevuld met antidemocratische principes en minachting voor de waarheid, naar het Westen te exporteren, had Amerika al eerder te maken gekregen met groeiend cynisme van eigen bodem. En aangewakkerd door wantrouwen en wat gestook door uiterst rechts, begon dit cynisme in de eerste decennia van de eenentwintigste eeuw te verkalken tot een soort eigen nihilisme. Het was deels een bijproduct van ontgoocheling over een uiterst dysfunctioneel politiek systeem dat drijft op strijd tussen de partijen, deels een gevoel van desoriëntatie in een wereld die duizelde van de technologische veranderingen, globalisering en een overdaad aan data; en deels een weerspiegeling van de vervliegende hoop van de middenklasse dat de basisbeloften van de Amerikaanse droom – een betaalbaar huis, goed onderwijs en een zonniger toekomst voor de kinderen – nog bereikbaar waren in de Verenigde Staten van na de crash van 2008. Terwijl de 'too-big-to-fail'-banken slechts een geringe prijs betaalden voor de crash van 2008, waren veel werkende mensen nog steeds bezig met pogingen de door hen geleden schade te boven te komen. De inkomensongelijkheid nam toe, de kosten voor een universitaire opleiding waren explosief gestegen en betaalbare woningen werden voor velen onbereikbaar.

Hun malaise maakte veel kiezers ontvankelijker voor Trumps aanvallen op de status-quo en hierdoor deden sommigen onbehouwen pogingen om zijn transactionele beleid en schaamteloosheid te rationaliseren: waarom boos worden om zijn leugens als alle politici liegen? Waarom boos worden om zijn corruptheid als de wet van de jungle geldt? In dat opzicht is Donald Trump evenzeer een symptoom van deze tijd als een gevaarlijke katalysator. Dat hij de meeste van zijn beloften met een ontstellende monterheid brak, droeg er alleen maar aan bij dat het cynisme van veel mensen nog groter werd: een stemming die niet bevorderlijk is voor burgerlijk engagement en die ironischerwijs Trumps aanvallen op onze idealen en instituties alleen nog maar feller maakt.

Zoals uit zijn eigen boeken duidelijk naar voren komt, ontbreekt het Trump volledig aan empathie en heeft hij al zijn hele leven een meedogenloos wereldbeeld gehad: dood om niet gedood te worden, en zorg dat je altijd je gram haalt. Het is een ongenadig duistere kijk op de wereld, hem bijgebracht door zijn dominante vader Fred, die hem een 'zero sum'-perspectief meegaf, en door zijn vroege mentor, Roy Cohn, die hem de raad meegaf, mocht hij in de problemen komen: 'Aanvallen, aanvallen, aanvallen.'[1]

'De wereld is een afschuwelijk oord,' verklaarde Trump in zijn boek *Think Big*: 'Leeuwen doden om aan voedsel te komen, maar mensen doen het om de sport.' En: 'Dezelfde brandende hebzucht die mensen doet plunderen, moorden en stelen in noodsituaties als branden en overstromingen, is dagelijks aanwezig in heel normale mensen. Hij schuilt vlak onder de oppervlakte, en wanneer je het het minst verwacht, steekt hij zijn gemene kop op en bijt hij je. Aanvaard het. De wereld is een wreed oord. Mensen maken je kapot, gewoon voor de lol of om zich uit te sloven tegenover hun vrienden.'[2]

Trump karakteriseert zichzelf in belangrijke mate

door middel van de mensen die hij aanvalt (Hillary Clinton, Barack Obama, James Comey, de pers, de inlichtingendiensten, de FBI, de rechterlijke macht, iedereen die hij als een rivaal of een bedreiging ziet), en hij lijkt altijd op zoek te zijn naar een vijand of zondebok; hij beledigt immigranten, moslims, vrouwen en Afro-Amerikanen. Een groot deel van zijn programma drijft dan ook op negativiteit – op de drang om de erfenis van president Obama ongedaan te maken, met inbegrip van de gezondheidszorg en milieubescherming; ook wil hij korte metten maken met het grotere sociale vangnet en de beschermingsmaatregelen ten behoeve van de burgerlijke vrijheden, zoals die gelden sinds Lyndon B. Johnson halverwege de jaren '60 het startsein gaf voor de 'Great Society'.* 'Make America Great Again' kan worden gezien als het terugzetten van de klok naar de jaren '50, vóór de burgerrechtenbeweging, vóór de vrouwenbeweging, vóór de rechten van lhbt'ers, vóór Black Lives Matter.

Maar Trump staat bepaald niet alleen in zijn negativisme en nihilisme. Veel Republikeinen in het Congres hebben redelijkheid, gezond verstand en

* Sociaal plan met als voornaamste doel bestrijding van de armoede en rassenongelijkheid.

het overlegproces in de politiek achter zich gelaten. Sommigen van hen erkenden onomwonden dat ze voor de belastingwet stemden vanwege de mensen met het grote geld die hen steunden. Afgevaardigde Chris Collins zei: 'Mijn donateurs zeggen feitelijk: "Zorg dat je het regelt of bel me nooit meer."'3 Het Congres heeft keer op keer de kans voorbij laten gaan om iets aan de immigratiehervorming te doen, en heeft ook, jaar in jaar uit en terwijl de ene tragedie na de andere zich voltrok, geweigerd om de controle op wapenbezit te verbeteren.

Wanneer het erom gaat hoe ze met Trump moeten omgaan, kiezen veel van diezelfde Republikeinen ervoor om simpelweg voorbij te gaan aan alle leugens die hij op elkaar stapelt; aan de benoeming van jammerlijk ongeschikte kandidaten op belangrijke overheidsposten; aan de manier waarop hij binnenlands en buitenlands beleid van decennia lukraak en arrogant afbreekt; aan de roekeloze besluiten die hij neemt (die vaak lijken voort te komen uit wat Pynchon in *Gravity's Rainbow* 'een chaos van wrokkigheid, grillen, hallucinaties en totale hufterigheid'[4] noemt). Mogelijk biechten ze hun bezorgdheid over Trumps competentie of stabiliteit wel op aan verslaggevers – *off the record*, uiteraard – maar in het openbaar zeggen ze er niets over uit angst hun aanzien bij Trumps achterban in gevaar te brengen. Dit soort cynische partijdigheid leidt er alleen maar toe dat de afkeer van het grote publiek voor de regering een selffulfilling prophecy wordt.

Het nihilisme in Washington is zowel een echo als een oorzaak van gevoelens die wijder verbreid zijn: een weerspiegeling van een groeiend verlies van vertrouwen in instituties en verlies van respect voor zowel de wettelijke orde als alledaagse normen en tradities; een symptoom van ons verlies aan beschaving, ons groeiend onvermogen om op een respectvolle manier te debatteren met mensen die er andere meningen op na houden; en van onze groeiende onwil om anderen het voordeel van de twijfel te gunnen, hun de ruimte te laten om zich te vergissen, zo beleefd te zijn naar hen te luisteren.

Het is het gevoel dat het leven willekeurig is en geen betekenis heeft, in combinatie met onverschilligheid voor consequenties. Denk aan de Buchanans in *The Great Gatsby*: 'Het waren onverschillige mensen, Tom en Daisy – ze maakten dingen of mensen kapot en zochten dan hun toevlucht bij hun geld of hun enorme onverschilligheid, of wat het ook was dat hen bijeenhield, en lieten andere mensen de rotzooi die ze hadden gemaakt opruimen.'[5] En het wordt weerspiegeld in de cultstatus van *Fight Club* en Michel Houellebecqs romans, die bedoeld zijn om weerzin op te wekken, en in de mainstream-aandacht voor – op een deprimerende manier – briljante werken als Cormac McCarthy's *No Country for Old Men* en Nic Pizzolatto's HBO-serie *True Detective*.

Het nieuwe nihilisme is WikiLeaks, dat nalaat de namen van Afghaanse burgers die mogelijk contact hadden met Amerikaanse militairen, onzichtbaar te maken in de geheime Amerikaanse documenten die het openbaar maakte – een omissie die 'dodelijke gevolgen' kon hebben voor de genoemde personen, zoals mensenrechtengroepen als Amnesty International waarschuwden.[6]

Het nieuwe nihilisme is mensen die geld verdienen aan het produceren van nepnieuwsverhalen – volgens één schatting meer dan 10.000 dollar per maand, verdiend via on-line-advertenties.[7] NPR rapporteerde dat een volledig verzonnen verhaal met de kop 'FBI-agent verdacht in zaak lekken e-mails Hillary dood aangetroffen, moord of zelfmoord' werd meer dan een half miljoen keer gedeeld op Facebook; het verhaal werd gecreëerd door een in Californië gevestigd bedrijf genaamd Disinfomedia dat verscheidene nepnieuwssites beheert. De oprichter van Desinfomedia, door NPR geïdentificeerd als ene

Jestin Coler, beweerde dat hij het bedrijf was gestart om te laten zien hoe snel nepnieuws verspreid wordt en dat hij geniet van 'het spel'. Hij zei dat hij en zijn tekstschrijvers 'vergelijkbare dingen tegen de *liberals* hadden proberen te doen', maar dat deze pogingen niet viraal gingen op de manier waarop de verhalen gericht op Trump-aanhangers dat wel doen.

Het nieuwe nihilisme is Michael Anton – die een hoge post verwierf in de Nationale Veiligheidsraad van de regering-Trump – die (onder het pseudoniem Publius Decimus Mus) een artikel schreef, getiteld 'De Flight-93-verkiezingen', waarin hij het lot van kiezers in 2016 vergelijkt met dat van de passagiers in het gedoemde vliegtuig dat op 9 september neerstortte, en het stemmen voor Trump vergelijkt met een bestorming van de cockpit. 'Bestorm de cockpit of je sterft,' schrijft hij. 'Je sterft misschien toch wel. Jij – of de leider van jouw partij – slaagt er misschien in om in de cockpit te komen zonder te weten hoe het vliegtuig te besturen of het aan de grond te krijgen. Er zijn geen garanties. Behalve een: als je het niet probeert, is de dood gewis.'[8]

Het nieuwe nihilisme manifesteert zich in grotesk wrede acties, zoals het trollen van de ouders die rouwen om hun kinderen die in Sandy Hook vermoord zijn, door hen te beschuldigen van een hoax,[9] en vergelijkbare aanvallen op de studenten die het bloedbad op de Parkland-school hebben overleefd. Deze gebeurtenissen in aanmerking genomen is het niet verbazingwekkend dat een van de populairste woorden in het Trump-tijdperk '*weaponize*' is, transformeren in een wapen: ironie tot wapen maken, angst tot wapen maken, memes tot wapen maken, leugens tot wapen maken, de belastingregels tot wapen maken.

De weerzinwekkendste racistische, seksistische en pervers wrede opmerkingen worden op sociale media geplaatst, vaak met een knipoog of een grijns, en wanneer degenen die hiervoor verantwoordelijk zijn hierop worden aangesproken, antwoorden ze vaak dat ze alleen maar een grapje maakten, ongeveer zoals medewerkers van het Witte Huis zeggen dat Trump alleen maar een grapje maakt of verkeerd wordt begrepen als hij aanstootgevende opmerkingen heeft gemaakt. Op een conferentie van alt-right in november 2016, eindigde de witte supremacist Richard Spencer met het schreeuwen van 'Heil Trump! Heil ons volk! Heil de overwinning!'[10] Toen hem gevraagd werd naar de nazigroeten die volgden op zijn geschreeuw, antwoordde Spencer dat die 'duidelijk in een geest van ironie en enthousiasme' gebracht waren.

Zoals onderzoekers Alice Marwick en Rebecca Lewis opperen in hun studie *Media Manipulation and Disinformation Online*, kan ironisch fascisme een soort wegbereidende drug zijn die leidt tot de niet-ironische versie: 'Een 4chan-trol kan ontvankelijker worden voor serieuze beweringen van witte supremacisten nadat die twee tot drie maanden lang etnische verdachtmakingen "ironisch" hebben gebruikt.'[11]

The Huffington Post rapporteerde dat de neonazisite *The Daily Stormer* (die ten doel heeft 'de boodschap van het nationalisme en antisemitisme onder de massa's te verspreiden') een stijlgids bezit ten behoeve van schrijvers. Hierin staan suggesties als 'Geef altijd de Joden van alles de schuld', goedgekeurde lijstjes met raciale verdachtmakingen, en deze huiveringwekkende tip voor het gebruik van humor: 'De toon van de site dient licht te zijn.'

'De niet-geïndoctrineerden mogen niet in staat zijn om uit te maken of we een grap maken of niet,' beveelt de auteur van de stijlgids aan. 'Ook spottende stereotypen van hatelijke racisten dienen bewust aanwezig te zijn. Ik zie dit meestal als zichzelf omlaaghalende humor: ik ben een racist die grappen maakt over stereotypen van racisten, omdat ik mezelf niet super-serieus neem.'

'Dit is uiteraard een truc en eigenlijk wil ik smousen vergassen. Maar daar hebben we het nu niet over.'[12]

Trump is, uiteraard, een trol, zowel qua temperament als uit gewoonte. Zijn tweets en schimpscheuten uit de losse pols zijn de essentie van het trollen: de leugens, de hoon, de beledigingen, het gescheld en de rabiate onzinnige beweringen van een boze, gekrenkte, geïsoleerde en volledig door zichzelf in beslag genomen adolescent die in een door hemzelf geconstrueerde bubbel leeft en die de aandacht waarnaar hij hunkert krijgt door uit te halen naar zijn vijanden en hele wolken verontwaardiging en verbijstering in zijn kielzog na te laten. Zelfs als president gaat hij door met het trollen van individuen en instituties, beledigingen, nepnieuws en verdachtmakingen twitterend of retweetend. Op kerstavond 2017 retweette hij een afbeelding van een bloedvlek met daarop de letters CNN op de zool van zijn schoen, om de pers voor de zoveelste keer te kleineren. Toen een andere gebruiker van Twitter hem in 2013 'de meest superieure trol op heel Twitter' noemde, antwoordde Trump: 'Een groot compliment!'[13]

In zijn onthullende boek uit 2017, *Devil's Bargain*, vermeldt journalist Joshua Green dat in de nasleep van Gamergate Steve Bannon een groot aantal gamers – jonge, geïsoleerde, hoofdzakelijk witte mannen – naar Breitbart haalde. Hoewel velen van hen niet speciaal ideologisch geïnteresseerd waren, wilden ze maar wat graag bommen gooien op het establishment en zagen ze Trump als een verwante geest. 'Trump zelf,' schrijft Green, 'zou dit alt-rightbondgenootschap helpen verstevigen door afbeeldingen van Pepe the Frog en nu en dan ook berichten – altijd onopzettelijk, verzekerde zijn staf – van Twitter-accounts van blanke nationalisten te retweeten.'[14]

Sommige trollen hebben relativistische argumenten gebruikt om te benadrukken dat hun verspreiding van alternatieve feiten simpelweg een stem toevoegt aan de conversatie, dat er geen objectieve waarheden meer bestaan, maar alleen verschillende percepties en verschillende verhaallijnen. Ze gebruiken duidelijk te kwader trouw postmodernistische argumenten, maar hun beweringen zijn feitelijk niet oneerlijker dan de pogingen van de verdedigers van Paul de Man om diens antisemitisme weg te redeneren met gebruikmaking van deconstructie en aan te voeren dat de artikelen die hij voor een pro-nazistisch blad in de jaren '40 schreef niet echt betekenden wat ze lijken te betekenen.

Deconstructie is in feite intens nihilistisch, want het impliceert dat het werk van journalisten en historici – om de beste beschikbare waarheden vast te stellen door het zorgvuldig vergaren en wegen van bewijs – zinloos is. Het suggereert dat de rede een ouderwetse waarde is, dat taal geen communicatiemiddel is, maar een wankele, bedrieglijke interface die zichzelf constant ondermijnt. Voorstanders van deconstructie geloven niet dat de bedoeling van een auteur betekenis aan een tekst geeft (zij geloven dat dit aan de lezer/kijker/ontvanger is), en veel postmodernisten gaan zover te suggereren dat het idee van individuele verantwoordelijkheid overgewaardeerd is, zoals geleerde Christopher Butler stelt, omdat het een 'veel te romanachtig en bourgeois geloof in het belang van individueel menselijk handelen'[15] voorstaat, 'in plaats van dit toe te schrijven aan achterliggende economische structuren'.

Toen het postmodernisme in Europa en de Verenigde Staten opkwam in de jaren '60 van de twintigste eeuw was het een antiautoritaire doctrine, die het omverwerpen van oude humanistische tradities voorstelde. En terwijl zijn principes ironie, zelfbewustzijn en sarcasme doordrongen in de popcultuur, kon het gezien worden, zoals David Foster Wallace in het begin van de jaren '90 opmerkte, als een tegengif tegen de hypocrisie en de zelfvoldaanheid van de *Leave It to Beaver*-wereld van de jaren vijftig; het was een 'stoute jongens'-middel om oude vroomheden en conventies op te blazen in een tijd waarin de wereld steeds absurder leek te worden.[16] Het leidde ook tot enkele werkelijk innovatieve, stoutmoedige kunstwerken als Wallace' eigen *Infinite Jest*.

In een lang essay over hedendaagse cultuur stelt Wallace dat postmoderne ironie weliswaar een krachtig instrument kon zijn om dingen te laten klappen, maar in wezen een 'kritische en destructieve' theorie was: geschikt om het terrein vrij te maken, maar uitzonderlijk 'onbruikbaar als het erop aankomt iets te construeren dat de hypocrisie die het aan de kaak stelt kan vervangen'. De verkondiging van cynisme maakte schrijvers benauwd voor oprechtheid en 'retrowaarden als originaliteit, diepzinnigheid en integriteit' schrijft hij; het beschutte 'de verzamelaar van minachting tegen minachting' terwijl het 'de hoeder van de minachting' gelukwenste 'met het uitstijgen boven de massa mensen die nog steeds vallen voor pretenties die uit de mode zijn'. De houding van 'Ik meen niet echt wat ik zeg', zou worden omarmd door die alt-right-trollen die net wilden doen alsof ze geen echte fanaten waren – ze maakten maar een grapje.

Twee van de beroemdheden die Wallace in 1993 als symbolen van de giftigheid van postmodernistische ironie als voorbeeld aanhaalde, kunnen nu, achteraf, gezien worden als voorboden van Trump. De eerste was Joe Isuzu, de ster in grappige reclames voor Isuzu-auto's in de jaren '80 – 'een glibberige, op de duivel lijkende verkoper', in de woorden van Wallace, die 'kolossale leugens verkocht over de bekleding van echte lamavacht van Isuzu's en het vermogen ervan op kraanwater te lopen' – een parodie op een oneerlijke verkoper die kijkers uitnodigde 'zichzelf te feliciteren omdat ze de grap doorhadden'. Joe Isuzu placht te zeggen: 'Ik geef je mijn erewoord!' terwijl de beelden van zijn grootspraak vergezeld gingen van een zwijgende ontkenning: 'Hij liegt.'[17] Een tweede beroemdheid die Wallace als voorbeeld geeft van het toppunt van postmoderne ironie, was Rush Limbaugh in de jaren '90, die hij beschrijft als de belichaming van 'haat die naar je knipoogt en je een zacht duwtje geeft en net doet alsof hij alleen maar grapjes maakt'.

De doorgesijpelde erfenis van het postmodernisme, zegt Wallace, is 'sarcasme, cynisme, manische verveling, wantrouwen jegens alle gezag, wantrouwen tegen elke inperking van het gedrag, en een afschuwelijke neiging tot ironisch diagnosticeren van onaangenaamheid, in plaats van ambitie om niet alleen te diagnosticeren en belachelijk te maken, maar om te bevrijden. Je moet begrijpen dat dit gedoe de cultuur doordrenkt heeft. Het is onze taal geworden' – 'Postmoderne ironie is onze leefomgeving geworden.' Het water waarin we zwemmen.

EPILOOG

In zijn scherpzinnige boek uit 1985, *Amusing Ourselves to Death*, stelt Neil Postman dat 'de technologische afleiding die door de elektrische stekker mogelijk is gemaakt' ons culturele discours onuitwisbaar veranderde, trivialer maakte, onbelangrijker, en de informatie die ze overbracht 'simplistisch, nietwezenlijk, niet-historisch en niet-contextueel maakte; dat wil zeggen informatie verpakt als entertainment'.[1]

'Onze priesters en presidenten, onze chirurgen en advocaten, onze onderwijsgevenden en nieuwslezers,' schrijft Postman, 'hoeven zich minder druk te maken over het voldoen aan de eisen van hun professie, dan over het voldoen aan de eisen van goed showmanschap.'[2]

Met de 'elektrische stekker' bedoelde Postman de televisie, maar zijn observaties sluiten nog beter aan bij het internettijdperk waarin de data-overload ervoor zorgt dat het glanzendste object – de luidste stem, de uitzinnigste mening – onze aandacht trekt en de meeste klikken en buzz oplevert.

In *Amusing Ourselves to Death* vergeleek Neil Postman de dystopische visie die Aldous Huxley schetste in *Brave New World* (waarin mensen een slaperig bestaan leiden, afgestompt door drugs en frivool vermaak) met die van George Orwell zoals die in zijn boek *1984* (waarin mensen onder de verpletterende autocratische heerschappij van Big Brother leven) wordt geschilderd.

'Orwell was bang voor degenen die ons informatie zouden kunnen ontzeggen,' schrijft Postman. 'Huxley was bang voor degenen die ons er zo veel van zouden geven dat we tot passiviteit en egoïsme zouden vervallen. Orwell vreesde dat de waarheid voor ons verborgen zou worden gehouden. Huxley vreesde dat de waarheid zou verdrinken in een zee van irrelevantie.'[3]

Naar Postmans oordeel was Huxleys dystopie al aan het einde van de twintigste eeuw in opkomst. Terwijl Orwells angst voor een totalitaire staat van toepassing was op de Sovjet-Unie, zei Postman, werd de bedreiging van de liberale democratieën in het Westen – dit was in 1985, nota bene! – beter vertegenwoordigd door Huxleys schrikbeeld van een bevolking die te zeer gedrogeerd is door 'onverbloemde trivialiteiten'[4] om zich als verantwoordelijke burgers in te zetten.

Deze observaties van Postman waren hun tijd vooruit, en zouden nagalmen in een essay van George Saunders, getiteld 'The Braindead Megaphone' (2007), waarin hij stelde dat ons nationale discours op een gevaarlijke manier gedegenereerd was door jarenlange berichtgeving over O.J. Simpson en Monica Lewinsky. Onze nationale taal, schreef hij, was zo versimpeld – 'agressief, angst zaaiend, melodramatisch, polariserend' tegelijk – dat 'we een gemakkelijk doelwit waren' als het aankwam op pogingen een serieus debat te voeren over het binnenvallen van Irak. We hadden niet meer in onze handen dan 'de verzameling grove, hyperbolische gereedschappen die we gebruikt hadden om over O.J. en co. te praten': het schreeuwerige getater van een luidruchtige, betweterige, niets wetende figuur die hij Megaphone Guy noemde, bulderend in een megafoon, met het intelligentieniveau afgesteld op 'dom' en de volumeknop vastgezet op 'Brul boven iedereen uit'.[5]

Hoe vooruitziend Postmans opmerkingen over Huxley ook zijn (en hoe vooruitziend Huxley ook was over ons nieuwe tijdperk van afleiding), duidelijk is wel dat hij de relevantie van Orwells dystopie onderschatte. Of misschien is het zo dat Trump en de aanvallen die hij en zijn regering ondernamen op alleen al het idee van waarheid het boek *1984* weer actueel hebben gemaakt[6] – iets wat lezers herkenden, wat in de maand waarin Trump de eed als president aflegde het boek een duw omhoog gaf op de bestsellerlijsten, naast Hannah Arendts *The Origins of Totalitarianism*.

Trumps leugens, zijn pogingen om de werkelijkheid anders te definiëren, zijn schending van normen, regels en tradities, zijn normalisering van haatprediking, zijn aanvallen op de pers, de rechterlijke macht en het kiesstelsel, het zijn allemaal redenen die de democratie-waakhondgroep Freedom House deden waarschuwen dat het eerste jaar van de regering-Trump tot 'verdere, versnelde uitholling van Amerika's eigen democratische normen dan ooit eerder in de menselijke geschiedenis'[7] heeft geleid, en het zijn allemaal redenen die maken dat Orwells portret van een autoritaire staat waarin Big Brother probeert alle narratieven te controleren en het heden en verleden te bepalen, opnieuw relevant is.

Trump lijkt vaak op een eenmansversie van Aesopus-achtige fabels – met een gemakkelijk te ontcijferen moraal als 'wie bij honden slaapt zal met vlooien wakker worden' of 'als iemand je vertelt wie hij is, geloof hem dan' – maar omdat hij de president van de Verenigde Staten is, monden zijn daden niet simpelweg uit in een moraal die als slagzin gebruikt kan worden; in plaats daarvan golven ze als een giftige tsunami alle kanten op en richten ze een ravage aan in het leven van miljoenen mensen. Wanneer hij eenmaal president-af is, zal het jaren duren om de schade die hij heeft toegebracht aan Amerikaanse instituties en de buitenlandse politiek van zijn land te herstellen. En aangezien zijn verkiezing een weerspiegeling was van een bredere dynamiek in de samenleving – de groeiende partijdigheid in de politiek, de stortvloed aan nepverhalen op sociale media, ons isolement in filterbubbels enzovoort – zal zijn verdwijning van het toneel de gezondheid en het welzijn van de waarheid niet herstellen, althans niet meteen.

Philip Roth zei dat hij nooit had kunnen bedenken dat 'de eenentwintigste-eeuwse catastrofe die de USA zou treffen, de meest onterende van alle rampen', zich zou voordoen in 'de gestalte van het onheilspellend belachelijke commedia dell'arte-personage van de opgeblazen hansworst'.[8] Trumps belachelijkheid, zijn narcistische vermogen alles op zichzelf te betrekken, de uitzinnigheid van zijn leugens en zijn onpeilbare onwetendheid kunnen de aandacht gemakkelijk afleiden van de implicaties van zijn verhaal op langere termijn: het gemak waarmee Republikeinen in het Congres hem zijn gang lieten gaan, daarbij het gehele concept van *checks-and-balances* ondermijnend dat de Founding Fathers hadden uitgedacht; het feit dat een derde van het land zijn aanvallen op de Grondwet passief accepteerde; hoe gemakkelijk Russische desinformatie vaste voet kreeg in een cultuur waarin het onderwijs van geschiedenis en burgerschapswaarden ernstig was aangetast.

De afscheidsrede die George Washington in 1796 hield was op een griezelige manier helderziend wat betreft de gevaren die Amerika nu bedreigen. Om zijn toekomst te beschermen, zei hij, moet het jonge land zijn Grondwet behoeden en alert blijven op pogingen om de scheiding en het evenwicht der machten in de regering te saboteren die hij en de andere stichters zo zorgvuldig hadden geconstrueerd.

Washington waarschuwde voor de opkomst van 'geslepen, ambitieuze mannen zonder principes' die zouden kunnen proberen 'de macht van het volk te ondermijnen' en 'de teugels van de regering in eigen handen te nemen en daarna precies die instrumenten te vernietigen die hen naar hun onrechtmatige heerschappij hebben opgetild'.[9]

Hij waarschuwde voor 'de verraderlijke listen van buitenlandse invloed' en de gevaren van 'ambitieuze, corrupte of misleide burgers' die, toegewijd aan een buitenlandse natie, als doel zouden kunnen hebben Amerikaanse 'belangen te verraden of op te offeren'.

En tot slot waarschuwde Washington voor de 'aanhoudende streken van de partijgeest' die tot niets anders dan strijd konden leiden door 'ongefundeerde jaloezie en vals alarm', en voor de gevaren van factiezucht (Oost tegen West, Noord tegen Zuid, staat tegen federatie) voor de eenheid van het land. Burgers, zei hij, moeten verontwaardigd hun afkeuring laten blijken 'bij het eerste teken van elke poging een deel van ons land te vervreemden van de rest, of de geheiligde banden te verzwakken die de verschillende delen nu samenbinden'.

De generatie van de stichting van Amerika had het vaak over het 'nut van het algemeen'. Washington herinnerde burgers aan hun 'algemene aangelegenheden', 'algemene belangen' en de 'algemene zaak', waarvoor ze allemaal tijdens de Revolutie hadden gevochten. En Thomas Jefferson sprak in zijn inaugurele rede over de jonge natie die zich verenigde 'in algemene inspanningen voor het algemeen belang'.[10] Een gemeenschappelijk doel en een gedeeld besef van de werkelijkheid deden ertoe omdat ze de verschillende staten en regio's verenigden, en ze blijven essentieel voor het voeren van een gesprek op nationaal niveau. Vooral nu, in een land waarin president Trump en Russische en alt-right-trollen bezig zijn mensen op te stoken tot precies die factiezucht waarvoor Washington ons waarschuwde; ze proberen verdeeldheid te zaaien tussen mensen langs raciale, etnische en religieuze scheidslijnen, tussen rode en blauwe staten, tussen kleine plaatsen en grote steden.

Gemakkelijke remedies bestaan niet, maar het is van wezenlijk belang dat burgers weerstand bieden aan het cynisme en de gelatenheid waarvan autocraten en naar macht hongerende politici afhankelijk zijn om verzet te ondermijnen. De inspirerende studenten die het Parkland-bloedbad in Florida hebben overleefd, hebben precies dat gedaan, en hebben het fatalisme van veel mensen ouder dan zij verworpen; door hun verdriet in actie om te zetten, veranderen ze de nationale dialoog en gaan ze voor in de strijd om echte controlemaatregelen op het wapenbezit af te dwingen, die kunnen helpen voorkomen dat anderen te maken krijgen met de terreur en het verdriet dat hun is aangedaan.

Tegelijkertijd moeten burgers hun toevlucht nemen tot de instituties die de Founding Fathers instelden als pijlers om het dak van de democratie te stutten, en deze beschermen: de drie afdelingen van de regering – de uitvoerende, de wetgevende en de rechterlijke macht – bedoeld als 'wederkerige controles'[11] op elkaar, in de woorden van Washington; en de andere twee hoekstenen van de democratie die volgens de stichters cruciaal waren om een goed geïnformeerd publiek te creëren dat in staat was zijn leiders op een wijze manier te kiezen: onderwijs en een vrije, onafhankelijke pers.

Jefferson schreef dat aangezien de jonge republiek gebouwd was op het uitgangspunt 'dat de mens geregeerd moge worden door rede en waarheid', ons 'eerste doel daarom diende te zijn om alle wegen naar de waarheid voor hem open te houden. De meest effectieve weg die tot nu toe hiervoor aanwezig is, is de persvrijheid. Die wordt dan ook als eerste afgesloten door diegenen die beducht zijn voor een onderzoek naar hun daden.'

'Ik beschouw het om die reden als zeker,' vervolgde Jefferson, 'dat het openen van de deuren van de waarheid, en het versterken van de gewoonte om alles aan de hand van de rede te toetsen, de effectiefste boeien zijn die we om de handen van onze opvolgers kunnen slaan om te voorkomen dat ze het volk de boeien omdoen met eigen instemming.'[12]

Madison stelde het, iets bondiger, als volgt: 'Een Volksregering zonder een volk dat informatie bezit of de middelen heeft om die te krijgen, is niet anders dan een proloog bij een klucht of tragedie, of misschien beide.'[13] Zonder feiten waarover algemene overeenstemming bestaat – geen Republikeinse feiten en Democratische feiten; niet de alternatieve feiten van de huidige silowereld – kan er geen rationeel debat gevoerd worden over beleid, zijn er geen wezenlijke middelen om kandidaten voor een politiek ambt te evalueren, en is er geen manier om gekozen vertegenwoordigers verantwoording te laten afleggen aan het volk. Zonder waarheid hapert de democratie. De Founding Fathers beseften dit, en wie streeft naar het voortbestaan van de democratie moet dit heden ten dage ook beseffen.

NOTEN

INLEIDING

1. Hannah Arendt, *The Origins of Totalitarianism* (New York: Harcourt 1973), p. 474.
2. Margaret Atwood, 'My Hero: George Orwell', *Guardian*, 18 jan. 2013.
3. Hannah Arendt, 'Lying in Politics', in *Crises of the Republic* (New York: Harcourt 1972), p. 6; Ned. vert.: *Het waagstuk van de politiek* (ingeleid en vertaald door Dirk De Schutter en Remi Peeters; Amsterdam: Klement 2018).
4. Jennifer Kavanagh en Michael D. Rich, *Truth Decay: An Initial Exploration of the Diminishing Role of Facts and Analysis in American Public Life* (Rand Corporation 2018).
5. Glenn Kessler en Meg Kelly, 'President Trump Made 2,140 False or Misleading Claims in His First Year', *Washington Post*, 10 jan. 2018.
6. Anoosh Chakelian, 'Boris Johnson Resurrects the Leave Campaign's £350M for NHS Fantasy', *New Statesman*, 16 sept. 2017.
7. Paus Franciscus, 'Message of His Holiness Pope Francis for World Communications Day', 24 jan. 2018, http://w2.vatican.va/content/francesco/en/messages/communications/documents/papa-francesco 20180124messaggio-comunicazioni-sociali.html.
8. Jessica Estepa en Gregory Korte, 'Obama Tells David Letterman: People No Longer Agree on What Facts Are', *USA Today*, 12 jan. 2018.
9. 'Read Sen. Jeff Flake's Speech Criticizing Trump', *CNN Politics*, 17 jan. 2018.
10. Philip Bump, 'Assessing a Clinton Argument That the Media Helped to Elect Trump', *Washington Post*, 12 sept. 2017.

11. Maggie Haberman, Glenn Thrush en Peter Baker, 'Inside Trump's Hour-by- Hour Battle for Self-Preservation', *New York Times*, 9 dec. 2017.
12. David Barstow, 'Donald Trump's Deals Rely on Being Creative with the Truth', *New York Times*, 26 juli 2016.
13. 'An American Original', *Vanity Fair*, nov. 2010.
14. Sally Yates, 'Who Are We as a Country? Time to Decide', *USA Today*, 19 dec. 2017.

1. VERVAL EN ONDERGANG VAN DE REDE

1. https://youtube.com/watch?v=IxuuIPcQ9_I.
2. Abraham Lincoln, 'The Perpetuation of Our Political Instituti-ons', Address Before the Young Men's Lyceum of Springfield, Ill., 27 jan. 1838, abraham lincolnonline.org.
3. Alexander Hamilton, 'Objections and Answers Respecting the Administration of the Government', 18 aug. 1792, founders.ar-chives.gov.
4. Martin Luther King Jr., *Stride Toward Freedom*, in: *A Testament of Hope: The Essential Writings and Speeches of Martin Luther King Jr.*, red. James M. Washington (San Francisco: HarperCollins 1991), p. 472.
5. Barack Obama, 'What I See in Lincoln's Eyes', CNN, 28 juni 2005.
6. George Washington, Inaugural Address, 30 apr. 1789.
7. Philip Roth, *American Pastoral* (New York: Vintage 1988), p. 86; Ned. vert: *Amerikaanse pastorale* (Amsterdam: De Bezige Bij 2018).
8. Richard Hofstadter, *The Paranoid Style in American Politics, and Other Essays* (1965; New York: Vintage 2008), p. 3.
9. *Ibid.*, p. 4.
10. 'McCarthy-Welch Exchange', 9 juni 1954, americanrhetoric.com.
11. McCarthy aan Truman, 11 feb. 1950, telegram, archives.gov.
12. Hofstadter, *Paranoid Style in American Politics*, p. 39.
13. *Encyclopaedia Britannica*, s.v. 'Know-Nothing Party'.
14. Hofstadter, *Paranoid Style in American Politics*, 39.

15. Ishaan Tharoor, 'Geert Wilders and the Mainstreaming of White Nationalism', *Washington Post,* 14 mrt. 2017; Elisabeth Zerofsky, 'Europe's Populists Prepare for a Nationalist Spring', *New Yorker,* 25 jan. 2017; Jason Horowitz, 'Italy's Populists Turn Up the Heat as Anti- Migrant Anger Boils', *New York Times,* 5 feb. 2018.
16. Ed Ballard, 'Terror, Brexit, and U.S. Election Have Made 2016 the Year of Yeats', *Wall Street Journal,* 23 aug. 2016.
17. William Butler Yeats, 'The Second Coming', poetryfoundation.org.
18. 'Tea Party Movement Is Full of Conspiracy Theories', *Newsweek,* 8 feb. 2010.
19. Ariel Malka en Yphtach Lelkes, 'In a New Poll, Half of Republicans Say They Would Support Postponing 2020 Election If Trump Proposed It', *Washington Post,* 10 aug. 2017.
20. Melissa Healy, 'It's More Than the "Rigged" Election: Voters Across the Political Spectrum Believe in Conspiracy Theories', *Los Angeles Times,* 3 nov. 2016; Shankar Vedantam, 'More Americans Than You Might Think Believe in Conspiracy Theories', NPR, 4 juni 2014.
21. Eric Bradner, 'Trump Praises 9/11 Truther's "Amazing" Reputation', *CNN Politics,* 2 dec. 2015.
22. Maggie Haberman, Michael D. Shear en Glenn Thrush, 'Stephen Bannon Out at the White House After Turbulent Run', *New York Times,* 18 aug. 2017.
23. Haberman, Thrush en Baker, 'Inside Trump's Hour-by-Hour Battle for Self- Preservation'.
24. Greg Miller, Greg Jaffe en Philip Rucker, 'Doubting the Intelligence, Trump Pursues Putin and Leaves a Russian Threat Unchecked', *Washington Post,* 14 dec. 2017; Carol D. Leonnig, Shane Harris en Greg Jaffe, 'Breaking with Tradition, Trump Skips President's Written Intelligence Report and Relies on Oral Briefings', *Washington Post,* 9 feb. 2018.
25. Charlie Warzel en Lam Thuy Vo, 'Here's Where Donald Trump Gets His News', *BuzzFeed,* 3 dec. 2016; Dean Obeidallah, 'Trump Talks Judgment, Then Cites National Enquirer', CNN, 4 mei 2016.

26. Haberman, Thrush en Baker, 'Inside Trump's Hour-by-Hour Battle for Self-Preservation'.
27. Alex Thompson, 'Trump Gets a Folder Full of Positive News About Himself Twice a Day', *Vice News*, 9 aug. 2017.
28. Benjamin Hart, 'Trump on Unfilled State Department Jobs: "I Am the Only One That Matters"', *New York*, 3 nov. 2017; Bill Chappell, '"I'm the Only One That Matters", Trump Says of State Dept. Job Vacancies', *The Two-Way*, NPR, 3 nov. 2017.
29. Lydia Saad, 'Americans Widely Support Tighter Regulations on Gun Sales', Gallup, 17 okt. 2017.
30. Max Greenwood, 'Poll: Nearly 9 in 10 Want DACA Recipients to Stay in US', *Hill*, 18 jan. 2018.
31. Harper Neidig, 'Poll: 83 Percent of Voters Support Keeping FCC's Net Neutrality Rules', *Hill*, 12 dec. 2017; Cecilia Kang, 'F.C.C. Repeals Net Neutrality Rules', *New York Times*, 14 dec. 2017.
32. Susan Jacoby, *The Age of American Unreason* (New York: Pantheon 2008), p. 307; Farhad Manjoo, *True Enough: Learning to Live in a Post-Fact Society* (Hoboken, N.J.: Wiley 2008); Andrew Keen, *The Cult of the Amateur: How Today's Internet Is Killing Our Culture* (New York: Doubleday 2007).
33. Jacoby, *Age of American Unreason*, p.xviii.
34. *Ibid.*, p. 307.
35. Al Gore, *The Assault on Reason* (New York: Penguin Press 2007), p. 1.
36. *Ibid.*, p. 38–39.
37. Michiko Kakutani, 'How Feuds and Failures Affected American Intelligence', *New York Times*, 18 juni 2004; Michiko Kakutani, 'All the President's Books (Minding History's Whys and Wherefores)', *New York Times*, 11 mei 2006; Julian Borger, 'The Spies Who Pushed for War', *Guardian*, 17 juli 2003; Jason Vest en Robert Dreyfuss, 'The Lie Factory', *Mother Jones*, jan./feb. 2004; Seymour M. Hersh, 'Selective Intelligence', *New Yorker*, 12 mei 2003; Michiko Kakutani, 'Controversial Reports Become Accepted Wisdom', *New York Times*, 28 sept. 2004; Dana Milbank en

Claudia Deane, 'Hussein Link to 9/11 Lingers in Many Minds', *Washington Post,* 6 sept. 2003.
38. Kakutani, 'All the President's Books'.
39. Ken Adelman, 'Cakewalk in Iraq', *Washington Post,* 13 feb. 2002.
40. Michiko Kakutani, 'From Planning to Warfare to Occupation, How Iraq Went Wrong', *New York Times,* 25 juli 2006.
41. Eugene Kiely, 'Donald Trump and the Iraq War', FactCheck.org, 19 feb. 2016.
42. Philip Rucker en Robert Costa, 'Bannon Vows a Daily Fight for 'Deconstruction of the Administrative State'', *Washington Post,* 23 feb. 2017.
43. Victor Cha, 'Giving North Korea a 'Bloody Nose' Carries a Huge Risk to Americans', *Washington Post,* 30 jan. 2018.
44. Bill Chappell, 'World's Regard for U.S. Leadership Hits Record Low in Gallup Poll', NPR, 19 jan. 2018; Laura Smith-Spark, 'US Slumps in Global Leadership Poll After Trump's 1st Year', CNN, 18 jan. 2018.
45. Michiko Kakutani, 'The Cult of the Amateur', *New York Times,* 29 juni 2007.
46. Tom Nichols, *The Death of Expertise: The Campaign Against Established Knowledge and Why It Matters* (New York: Oxford University Press 2017), p. 20.
47. *Ibid.*, p. 11.
48. Carlos Ballesteros, 'Trump Is Nominating Unqualified Judges at an Unprec-edented Rate', *Newsweek,* 17 nov. 2017; Paul Waldman, 'Donald Trump Has Assembled the Worst Cabinet in American History', *The Plum Line* (blog), *Washington Post,* 19 jan. 2017; Travis Waldron en Daniel Marans, 'Donald Trump's Cabinet Is on Track to Be the Least Experienced in Modern History', *Huffington Post,* 24 nov. 24 2016.
49. Tom DiChristopher, 'Trump Once Again Seeks to Slash Funding for Clean Energy in 2019 Budget', CNBC, 31 jan. 2018.
50. Brady Dennis, 'Scott Pruitt, Longtime Adversary of EPA, Confirmed to Lead the Agency', *Washington Post,* 17 feb. 2017; Umair Irfan, 'Scott Pruitt Is Slowly Strangling the EPA', *Vox,* 30 jan. 2018.

51. Alan Rappeport, 'C.B.O. Head, Who Prizes Nonpartisanship, Finds Work Under G.O.P. Attack', *New York Times,* 19 juni 2017; Steven Rattner, 'The Boring Little Budget Office That Trump Hates', *New York Times,* 22 aug. 2017.
52. Lena H. Sun en Juliet Eilperin, 'CDC Gets List of Forbidden Words: Fetus, Transgender, Diversity', *Washington Post,* 15 dec. 2017.
53. George Orwell, *1984* (New York: Harcourt, Brace 1949), p. 193.
54. Lisa Friedman, 'Syria Joins Paris Climate Accord, Leaving Only U.S. Opposed', *New York Times,* 7 nov. 2017.
55. Lisa Friedman, 'Expect Environmental Battles to Be 'Even More Significant' in 2018', *New York Times,* 5 jan. 2018.
56. 'President Trump's War on Science', *New York Times,* 9 sept. 2017; 'Attacks on Science', Union of Concerned Scientists, ucsusa.org; Tanya Lewis, 'A Year of Trump: Science Is a Major Casualty in the New Politics of Disruption', *Scientific American,* 14 dec. 2017; Joel Achenbach en Lena H. Sun, 'Trump Budget Seeks Huge Cuts to Science and Medical Research, Disease Prevention', *Washington Post,* 23 mei 2017; Julia Belluz, 'The GOP Tax Plan Would Blow a Hole in American Science', *Vox,* 11 dec. 2017.
57. Brady Dennis, 'Trump Budget Seeks 23 Percent Cut at EPA, Eliminating Dozens of Programs', *Washington Post,* 12 feb. 2018.
58. 'Marchers Around the World Tell Us Why They're Taking to the Streets for Science', *Science,* 13 apr. 2017.
59. 'How Will Leaving the EU Affect Universities and Research?', *Brexit Means ...* (podcast), *Guardian,* 13 sept. 2017.
60. 'Marchers Around the World Tell Us Why They're Taking to the Streets for Science'.
61. Stefan Zweig, *The World of Yesterday* (New York: Viking Press 1943), loc. 5297, 346, Kindle.
62. *Ibid.*, 419, 425, 924.
63. *Ibid.*, 403, 5352.
64. *Ibid.*, 5378, 5586.
65. *Ibid.*, 1269, 5400.
66. *Ibid.*, 2939.
67. *Ibid.*, 5378.

2. DE NIEUWE CULTUUROORLOGEN

1. David Lehman, *Signs of the Times: Deconstruction and the Fall of Paul de Man* (New York: Poseidon Press 1991), p. 75. Zie ook Michiko Kakutani, 'Bending the Truth in a Million Little Ways', *New York Times*, 17 jan. 2006.
2. David Foster Wallace, 'Host: Deep into the Mercenary World of Take-No-Prisoners Political Talk Radio', *Atlantic*, apr. 2005.
3. Stephen Collinson en Jeremy Diamond, 'Trump Again at War with "Deep State" Justice Department', *CNN Politics*, 2 jan. 2018.
4. Donald J. Trump, 'Remarks at a Rally at Waukesha County Expo Center in Waukesha, Wisconsin', 28 sept. 2016. Online door Gerhard Peters en John T. Woolley, *The American Presidency Project*, www.presidency.ucsb.edu/ws/index.php?pid=119201.
5. Ben Illing, 'Trump Ran as a Populist. He's Governing as an Elitist. He's Not the First', *Vox*, 23 juni 2017.
6. Andrew Marantz, 'Trolls for Trump', *New Yorker*, 31 okt. 2016.
7. Christopher Butler, *Postmodernism* (New York: Oxford University Press 2002), p.15.
8. Andrew Hartman, *A War for the Soul of America: A History of the Culture Wars* (Chicago: University of Chicago Press 2015), p. 285.
9. Ishaan Tharoor, 'Fukuyama's "Future of History": Is Liberal Democracy Doomed?', *Time*, 8 feb. 2012.
10. Freedom House, *Freedom in the World 2017*, freedomhouse.org.
11. Ishaan Tharoor, 'The Man Who Declared the "End of History" Fears for Democracy's Future', *Washington Post*, 9 feb. 2017.
12. Jasmine C. Lee en Kevin Quealy, 'The 425 People, Places, and Things Donald Trump Has Insulted on Twitter: A Complete List', *New York Times*, 3 jan. 2018.
13. Donie O'Sullivan, 'Russian Trolls Created Facebook Events Seen by More Than 300,000 Users', CNN, 26 jan. 2018.
14. William J. Barber en Jonathan Wilson- Hartgrove, 'Evangelicals Defend Trump's Alleged Marital Infidelity. But His Infidelity to America Is Worse', NBC News, 30 jan. 2018.
15. Jennifer Hansler, 'Conservative Evangelical Leader: Trump Gets a "Mulligan" on His Behavior', CNN, 23 jan. 2018.

16. Allan Bloom, *The Closing of the American Mind* (New York: Simon & Schuster 1987), p. 314.
17. Gertrude Himmelfarb, *On Looking into the Abyss: Untimely Thoughts on Culture and Society* (New York: Knopf 1994), p. 135.
18. Joyce Appleby, Lynn Hunt en Margaret Jacob, *Telling the Truth About History* (New York: W.W. Norton 1994), p. 8.
19. Shawn Otto, *The War on Science: Who's Waging It, Why It Matters, What We Can Do About It* (Minneapolis: Milkweed 2016), p. 180-181.
20. *Ibid.*, p. 177.
21. George Orwell, 'Looking Back on the Spanish War', *A Collection of Essays* (New York: Houghton Mifflin Harcourt 1981), p. 199.
22. Deborah E. Lipstadt, *Denying the Holocaust: The Growing Assault on Truth and Memory* (New York: Free Press 1993), loc. 19, Kindle. Zie ook Michiko Kakutani, 'When History Is a Casualty', *New York Times,* 30 apr. 1993.
23. Michiko Kakutani, 'The Pro-Nazi Past of a Leading Literary Critic', *New York Times,* 19 feb. 1991.
24. Jon Wiener, 'Deconstructing de Man', *Nation,* 9 jan. 1988; Robert Alter, 'Paul de Man Was a Total Fraud', *New Republic,* 5 apr. 2014; Evelyn Barish, *The Double Life of Paul de Man* (New York: Liveright 2014).
25. Barish, *Double Life of Paul de Man;* Jennifer Schuessler, 'Revisiting a Scholar Unmasked by Scandal', *New York Times,* 9 mrt. 2014; Louis Menand, 'The de Man Case', *New Yorker,* 24 mrt. 2014.
26. Lehman, *Signs of the Times*, p. 163-164.
27. *Ibid.*, p.180.
28. Kakutani, 'Pro-Nazi Past of a Leading Literary Critic'; Paul de Man, 'The Jews in Contemporary Literature', *Le Soir,* 4 mrt. 1941, herdrukt in Martin McQuillan, *Paul de Man* (New York: Routledge 2001).
29. Kakutani, 'Pro-Nazi Past of a Leading Literary Critic'.
30. Lehman, *Signs of the Times*, p. 137, 158, 234.
31. *Ibid.*, p. 238, 239, 243, 267.
32. David Brunnstrom, 'Ahead of Trump Meeting, Abe Told Not to

Take Campaign Rhetoric Literally', Reuters, 15 nov. 2016.
33. Jonah Goldberg, 'Take Trump Seriously but Not Literally? How, Exactly?', *Los Angeles Times,* 6 december 2016.

3. 'MOI' AND THE RISE OF SUBJECTIVITY

1. James Mottram, 'Spike Jonze Interview: *Her* Is My "Boy Meets Computer" Movie', *Independent,* 31 jan. 2014.
2. Christopher Lasch, *The Culture of Narcissism: American Life in an Age of Diminishing Expectations* (New York: W.W. Norton 1979), p. 51, xiii, 239.
3. *Ibid.*, 36-38.
4. Tom Wolfe, 'The "Me" Decade and the Third Great Awakening', *New York,* 23 aug. 1976.
5. Tim Wu, *The Attention Merchants: The Epic Scramble to Get Inside Our Heads* (New York: Alfred A. Knopf 2016), p. 315; Ned. vert. *Aandacht is het nieuwe goud* (Amsterdam/Antwerpen, Uitgeverij Business Contact 2016).
6. David A. Fahrenthold en Robert O'Harrow Jr., 'Trump: A True Story', *Washington Post,* 10 aug. 2016; Kiran Khalid, 'Trump: I'm Worth Whatever I Feel', CNNMoney.com, 21 apr. 2011.
7. Scott Horsley, 'Trump: Putin Again Denied Interfering in Election and "I Really Believe" He Means It', *The Two-Way,* NPR, 11 nov. 2017.
8. Transcripten, CNN, 22 juli 2016, transcripts.cnn.com/TRANSCRIPTS/1607/22/nday.06 .html.
9. Alexis de Tocqueville, *Democracy in America* (New York: Vintage 1990), p. 215, 319, 318, 321.
10. James Barron, 'Overlooked Influences on Donald Trump: A Famous Minister and His Church', *New York Times,* 5 sept. 2016; Tom Gjelten, 'How Positive Thinking, Prosperity Gospel Define Donald Trump's Faith Outlook', NPR, 3 aug. 2016.
11. Tamara Keith, 'Trump Crowd Size Estimate May Involve "the Power of Positive Thinking",' NPR, 22 jan. 2017.
12. Mackenzie Weinger, '7 Pols Who Praised Ayn Rand', *Politico,* 26 apr. 2012.

13. Kirsten Powers, 'Donald Trump's "Kinder, Gentler" Version', *USA Today,* 11 apr. 2016.
14. Jonathan Freedland, 'The New Age of Ayn Rand: How She Won Over Trump and Silicon Valley', *Guardian,* 10 apr. 2017.
15. Philip Roth, 'Writing American Fiction', *Commentary,* 1 mrt. 1961.
16. Tom Wolfe, 'Stalking the Billion-Footed Beast: A Literary Manifesto for the New Social Novel', *Harper's,* nov. 1989.
17. 'From the Starr Referral: Clinton's Grand Jury Testimony, Part 4', *Washington Post,* washingtonpost.com/wp-srv/politics/special/clinton/stories/bctest0921984.htm.
18. Roth, 'Writing American Fiction'.
19. Kakutani, 'Bending the Truth in a Million Little Ways'.
20. Laura Barton, 'The Man Who Rewrote His Life', *Guardian,* 15 sept. 2006.
21. Adam Begley, 'The I's Have It: Duke's "*Moi*" Critics Expose Themselves', *Lingua Franca,* mrt./apr. 1994.
22. Michiko Kakutani, 'Opinion vs. Reality in an Age of Pundits', *New York Times,* Jan. 28, 1994; Michiko Kakutani, 'Fear of Fat as the Bane of Modernism', *New York Times,* 12 mrt. 1996.
23. Michiko Kakutani, 'A Biographer Who Claims a License to Blur Reality', *New York Times,* 2 okt. 1999.
24. *Ibid.*
25. Michiko Kakutani, 'Taking Sides in Polemics over Plath', *New York Times,* 5 apr. 1994; Janet Malcolm, *The Silent Woman* (New York: Knopf 1994), loc. 67, 32, Kindle.
26. Sam Boyd, 'Sarah Palin on Teaching Intelligent Design in Schools', *American Prospect,* 29 aug. 2008; Massimo Pigliucci, 'Is Sarah Palin a Creationist?', *LiveScience,* 1 sept. 2008.
27. John Timmer, 'Ohio School District Has "Teach the Controversy" Evolution Lesson Plan', *Ars Technica,* 18 mei 2016.
28. Rosie Gray, 'Trump Defends White-Nationalist Protesters: "Some Very Fine People on Both Sides",' *Atlantic,* 15 aug. 2017; Mark Landler, 'Trump Resurrects His Claim That Both Sides Share Blame in Charlottesville Violence', *New York Times,* 14 sept. 2017; Sonam Sheth, 'Trump Equates Confederate Generals Robert E.

Lee and Stonewall Jackson with George Washington in Bizarre Press Conference', *Business Insider,* 15 aug. 2017; Dan Merica, 'Trump Condemns 'Hatred, Bigotry, and Violence on Many Sides' in Charlottesville', *CNN Politics,* 13 aug. 2017.

29. Naomi Oreskes en Erik M. Conway, *Merchants of Doubt* (New York: Bloomsbury Press 2010), p. 6.
30. *Ibid.*, p. 34.
31. *Ibid.*, p. 6-7, 217.
32. *Ibid.*, 6, 215.
33. Alister Doyle, 'Scientists Say United on Global Warming, at Odds with Public View', Reuters, 15 mei 2013; NASA, 'Scientific Consensus: Earth's Climate Is Warming', climate.nasa.gov/scientific-consensus/; Justin Fox, '97 Percent Consensus on Climate Change? It's Complicated', *Bloomberg,* 15 juni 2017.
34. David Robert Grimes, 'Impartial Journalism Is Laudable. But False Balance Is Dangerous', *Guardian,* 8 nov. 2016.
35. Sarah Knapton, 'BBC Staff Told to Stop Inviting Cranks on to Science Programmes', *Telegraph,* 4 juli 2014.
36. Christiane Amanpour, speech bij ontvangst van de Burton Benjamin Memorial Award, 22 nov. 2016, cpj.org.

4. HET VERDWIJNEN VAN DE WERKELIJKHEID

1. Philip K. Dick, 'The Electric Ant', in *Selected Stories of Philip K. Dick* (New York: Houghton Mifflin Harcourt 2013), Kindle, p. 384 van 467.
2. Christopher Ingraham, '19 Kids Are Shot Every Day in the United States', *Washington Post,* 20 juni 2017.
3. Roth, 'Writing American Fiction'.
4. Simon Kelner, 'Perception Is Reality: The Facts Won't Matter in Next Year's General Election', *Independent,* 30 okt. 2014; Roxie Salamon-Abrams, 'Echoes of History? A Lesson Plan About the Recent Rise of Europe's Far-Right Parties', *New York Times,* 19 apr. 2017.
5. Lawrence Freedman, 'Reagan's Southern Strategy Gave Rise to the Tea Party', *Salon,* 27 okt. 2013.

6. Eugene Kiely, Lori Robertson en Robert Farley, 'President Trump's Inaugural Address', FactCheck.org, 20 jan. 2017; Chris Nichols, 'Mostly True: Undocumented Immigrants Less Likely to Commit Crimes Than U.S. Citizens', PolitiFact Cali-fornia, 3 aug. 2017; Akhila Satish, 'The Nobel Laureate Exclusion Act: No Future Geniuses Need Apply', *Wall Street Journal,* 14 sept. 2017; Rani Molla, 'The Top U.S. Tech Companies Founded by Immigrants Are Now Worth Nearly $4 Trillion', *Recode,* 12 jan. 2018; 'Fact Check: Donald Trump's Republican Convention Speech, Annotated', NPR, 21 juli 2016.
7. Vivian Yee, 'Donald Trump's Math Takes His Towers to Greater Heights', *New York Times,* 1 nov. 2016; Marc Fisher en Will Hobson, 'Donald Trump Masqueraded as Publicist to Brag About Himself', *Washington Post,* 13 mei 2016; David Barstow, 'Donald Trump's Deals Rely on Being Creative with the Truth', *New York Times,* 16 juli 2016; Fahrenthold en O'Harrow, 'Trump: A True Story'.
8. Aaron Williams en Anu Narayanswamy, 'How Trump Has Made Millions by Selling His Name', *Washington Post,* 25 jan. 2017; '10 Donald Trump Business Failures', *Time,* 11 okt. 2016.
9. Daniel J. Boorstin, *The Image* (New York: Macmillan 1987), p. 11.
10. *Ibid.*, p. 65.
11. Laura Bradley, 'Trump Bashes Schwarzenegger's *Celebrity Apprentice,* Forgets He Still Produces It', *Vanity Fair,* 6 jan. 2017.
12. Boorstin, *Image,* 209-211.
13. *Ibid.*, 241, 212.
14. https://en.wikiquote.org/wiki/Jean Baudrillard; *Stanford Encyclopedia of Philosophy,* s.v. 'Jean Baudrillard'; Jean Baudrillard, *Simulacra and Simulation* (Ann Arbor: University of Michigan Press 1994).
15. Jorge Luis Borges, *Ficciones* (New York: Grove Press 1962), loc. 21-22, 34, Kindle.
16. *Ibid.*, 33.
17. Thomas Pynchon, *Gravity's Rainbow* (New York: Viking Press 1973), loc. 434, Kindle.

18. Brandon Harris, 'Adam Curtis's Essential Counterhistories', *New Yorker*, 3 nov. 2016.
19. Alice Marwick en Rebecca Lewis, 'The Online Radicalization We're Not Talking About', *Select All*, 18 mei 2017.
20. Alice Marwick en Rebecca Lewis, *Media Manipulation and Disinformation On-line*, Data and Society Research Institute, 15 mei 2017.
21. Marwick en Lewis, 'Online Radicalization We're Not Talking About.'
22. *Ibid.*
23. BBC Trending, 'The Saga of "Pizzagate": The Fake Story That Shows How Conspiracy Theories Spread', BBC News, 2 dec. 2016.
24. Ali Breland, 'Warner Sees Reddit as Potential Target for Russian Influence', *Hill*, 27 sept. 2017; Roger McNamee, 'How to Fix Facebook – Before It Fixes Us', *Washington Monthly*, jan./ feb./mrt. 2018.
25. Renee DiResta, 'Social Network Algorithms Are Distorting Reality by Boosting Conspiracy Theories', *Fast Company*, 11 mei 2016.

5. DE ANNEXATIE VAN TAAL

1. John le Carré, 'Why We Should Learn German', *Guardian*, 1 juli 2017.
2. James Carroll, *Practicing Catholic* (Boston: Houghton Mifflin Harcourt 2009), 302.
3. George Orwell, 'Politics and the English Language', in *A Collection of Essays by George Orwell* (Garden City, N.Y.: Anchor Books 1954), p. 177.
4. Orwell, *1984*, Kindle.
5. Roger Scruton, 'Newspeak', in *The Palgrave Macmillan Dictionary of Political Thought*, 3de druk. (New York: Palgrave Macmillan 2007); 'The Wooden Language', Radio Romania International, old.rri.ro/arh- art.shtml?lang=1&sec=9&art=4166.
6. Françoise Thom, *La langue de bois* (Paris: Julliard 1987).
7. Ji Fengyuan, *Linguistic Engineering: Language and Politics in Mao's*

China (Honolulu: University of Hawaii Press 2003); Perry Link, 'Mao's China: The Language Game', *NYR Daily,* 15 mei 2015.

8. Timothy Snyder, 'A New Look at Civilian Life in Europe Under Hitler', recensie van *An Iron Wind: Europe Under Hitler,* door Peter Fritzsche, *New York Times,* 22 nov. 2016.
9. Victor Klemperer, *The Language of the Third Reich* (New York: Bloomsbury 2013), p. 12, 15.
10. *Ibid.*, p. 54-55, 30, 118, 44–45.
11. *Ibid.*, p. 60–62, 5, 101–3.
12. *Ibid.*, p. 19.
13. *Ibid.*, p. 222, 227, 223, 224, 228.
14. Orwell, *1984* (New York: Signet Classics 1950), p. 16.
15. Rebecca Savransky, 'Trump: "You Are Witnessing the Single Greatest WITCH HUNT in American Political History",' *Hill,* 15 juni 2017; Michael Finnegan, 'Trump Attacks on Russia Investigation Threaten U.S. Democracy, Authors Say', *Los Angeles Times,* 6 feb. 2018; Anne Gearan, 'Trump's Attacks on Justice and FBI Echo Election Claims of a "Rigged System",' *Washington Post,* 2 feb. 2018.
16. Jessica Estepa, 'It's Not Just "Rocket Man". Trump Has Long History of Nicknaming His Foes', *USA Today,* 21 sept. 2017; Theodore Schleifer en Jeremy Diamond, 'Clinton Says Trump Leading "Hate Movement"; He Calls Her a "Bigot"', *CNN Politics,* 25 aug. 2016; 'Excerpts from Trump's Interview with the Times', *New York Times,* 28 dec. 2017.
17. Orwell, *1984,* p. 212.
18. Linda Qiu, 'Donald Trump Had Biggest Inaugural Crowd Ever? Metrics Don't Show It', PolitiFact, 21 jan. 2017.
19. Masha Gessen, 'The Putin Paradigm', *NYR Daily,* 13 dec. 2016.
20. Orwell, *1984, p.* 213.
21. Oliver Milman en Sam Morris, 'Trump Is Deleting Climate Change, One Site at a Time', *Guardian,* 14 mei 2017; Brian Kahn, 'The EPA Has Started to Remove Obama-Era Information', *Climate Central,* 2 feb. 2017; Leila Miller, 'As "Climate Change" Fades from Government Sites, a Struggle to Archive Data', *Frontline,* 8 dec. 2017.

22. Megan Cerullo, 'EPA Removes Climate Change Page from Website to Reflect New "Priorities" Under President Trump', *New York Daily News,* 29 apr. 2017; Bill McKibben, 'The Trump Administration's Solution to Climate Change: Ban the Term', *Guardian,* 8 aug. 2017; Oliver Milman, 'US Federal Department Is Censoring Use of Term "Climate Change", Emails Reveal', *Guardian,* 7 aug. 2017; Lydia Smith, 'Trump Administration Deletes Mention of "Climate Change" from Environmental Protection Agency's Website', *Independent,* 21 okt. 2017; Michael Collins, 'EPA Removes Climate Change Data, Other Scientific Information from Website', *USA Today,* 29 apr. 2017; Oliver Milman en Sam Morris, 'Trump Is Deleting Climate Change, One Site at a Time', *Guardian,* 14 mei 2017.
23. Valerie Volcovici en P.J. Huffstutter, 'Trump Administration Seeks to Muzzle U.S. Agency Employees', Reuters, 24 jan. 2017; Lisa Friedman, 'E.P.A. Cancels Talk on Climate Change by Agency Scientists', *New York Times,* 22 okt. 2017; Dan Merica en Dana Bash, 'Trump Admin Tells National Park Service to Halt Tweets', *CNN Politics,* 23 jan. 2017.
24. Michiko Kakutani, 'Donald Trump's Chilling Language, and the Fearsome Power of Words', *Vanity Fair,* 21 jan. 2017.
25. Aidan Quigley, 'Make America Spell Again? 25 of Donald Trump's Twitter Spelling Errors', *Newsweek,* 25 juni 2017; Jennifer Calfas, 'Trump's Official Inauguration Poster Has Glaring Typo', *Hill,* 12 feb. 2017; Eli Rosenberg, '"State of the Uniom": Misspelled Tickets to President Trump's First Address Require a Reprint', *Washington Post,* 29 jan. 2018.
26. Elizabeth Landers, 'White House: Trump's Tweets Are "Official Statements",' *CNN Politics,* 6 juni 2017; Matthew Weaver, Robert Booth en Ben Jacobs, 'Theresa May Condemns Trump's Retweets of UK Far-Right Leader's Anti-Muslim Videos', *Guardian,* 29 nov. 2017.
27. Steven Erlanger, '"Fake News", Trump's Obsession, Is Now a Cudgel for Strongmen', *New York Times,* 12 dec. 2017; Anne Applebaum, 'The "Trump Effect" Will Help Authoritarians Around

the World', *Washington Post,* 4 mei 2016; 'Record Number of Journalists Jailed as Turkey, China, Egypt Pay Scant Price for Repression', Committee to Protect Journalists, 13 dec. 2017.

28. Ruth Ben-Ghiat, 'An American Authoritarian', *Atlantic,* 10 aug. 2016.
29. Umberto Eco, 'Ur-fascism', *New York Review of Books,* 22 juni 1995.
30. 'Full Text: Donald Trump 2016 RNC Draft Speech Transcript', *Politico,* 21 juli 2016.

6. FILTERS, HOKJES EN STAMMEN

1. Rudyard Kipling, *The Light That Failed,* in *Selected Works of Rudyard Kipling* (New York: Collier & Son 1900), 2:61.
2. Deborah Solomon, 'Goodbye (Again), Norma Jean', *New York Times,* 19 sept. 2004.
3. Pew Research Center, *Partisanship and Political Animosity in 2016,* 22 juni 2016.
4. David Nakamura en Lisa Rein, 'It's "Very Gold": The Presidential Coin Undergoes a Trumpian Makeover', *Washington Post,* 22 dec. 2017.
5. Bill Bishop, *The Big Sort: Why the Clustering of Like-Minded America Is Tearing Us Apart* (New York: Houghton Mifflin Harcourt 2008), p. 130-132, 12.
6. *Ibid.*, p. 216.
7. *Ibid.*, p. 232.
8. Pew Research Center, 'Sharp Partisan Divisions in Views of National Institutions', 10 juli 2017.
9. Ronald Brownstein, *The Second Civil War: How Extreme Partisanship Has Paralyzed Washington and Polarized America* (New York: Penguin Press 2007), loc. 4247, Kindle.
10. Molly Ball, 'Why Hillary Clinton Lost', *Atlantic,* 15 nov. 2016.
11. Pew Research Center, 'Political Polarization in the American Public', 12 juni 2014; Pew Research Center, *Partisanship and Political Animosity in 2016.*
12. Julian E. Zelizer, 'The Power That Gerrymandering Has Brought

to Republicans', *Washington Post,* 17 juni 2016; Ronald Brownstein, 'America, a Year Later', *State: The Digital Magazine from CNN Politics,* nov. 2017.

13. Pew Research Center, 'Political Polarization in the American Public'; Pew Research Center, *Partisanship and Political Animosity in 2016.*
14. 'The Four Corners of Deceit: Prominent Liberal Social Psychologist Made It All Up', *Rush Limbaugh Show,* 29 apr. 2013.
15. Dylan Matthews, 'Everything You Need to Know About the Fairness Doctrine in One Post', *Washington Post,* 23 aug. 2011; Yochai Benkler e.a., 'Study: Breitbart-Led Right-Wing Media Ecosystem Altered Broader Media Agenda', *Columbia Journalism Review,* 3 mrt. 2017; Maggie Haberman en Glenn Thrush, 'Bannon in Limbo as Trump Faces Growing Calls for the Strategist's Ouster', *New York Times,* 14 aug. 2017; Michael J. de la Merced en Nicholas Fandos, 'Fox's Un-familiar but Powerful Television Rival: Sinclair', *New York Times,* 3 mei 2017.
16. John Ziegler, 'How Donald Trump's Election Has Helped Me Decide to End My National Radio Show', *Mediaite,* 18 dec. 2016.
17. Charles Sykes, 'How the Right Lost Its Mind and Embraced Donald Trump', *Newsweek,* 21 sept. 2017; Charles Sykes, 'Charlie Sykes on Where the Right Went Wrong', *New York Times,* 15 dec. 2016.
18. Benkler e.a., 'Study: Breitbart-Led Right-Wing Media Ecosystem Altered Broader Media Agenda'; Alexandra Topping, '"Sweden, Who Would Believe This?" Trump Cites Non-existent Terror Attack', *Guardian,* 19 FEB. 2017; Samantha Schmidt en Lindsey Bever, 'Kellyanne Conway Cites "Bowling Green Massacre" That Never Happened to Defend Travel Ban', *Washington Post,* 3 feb. 2017.
19. Alexander Nazaryan, 'John McCain Cancer Is "Godly Justice" for Challenging Trump, Alt-Right Claims', *Newsweek,* 20 juli 2017.
20. Andrew Sullivan, 'America Wasn't Built for Humans', *New York,* 19 sept. 2017.
21. Elizabeth Kolbert, 'Why Facts Don't Change Our Minds', *New Yorker,* 27 feb. 2017.

22. Cass Sunstein, *Going to Extremes: How Like Minds Unite and Divide* (New York: Oxford University Press 2009), p. 87.
23. *Ibid.*, p. 4.
24. Sykes, 'How the Right Lost Its Mind and Embraced Donald Trump'; Sykes, 'Charlie Sykes on Where the Right Went Wrong.'
25. Charles Sykes, *How the Right Lost Its Mind* (New York: St. Martin's Press 2017), p. 180.
26. Eli Pariser, *The Filter Bubble: What the Internet Is Hiding from You* (New York: Penguin Press 2011), p. 3.
27. *Ibid.*, p. 16.
28. Eli Pariser, 'Beware Online "Filter Bubbles",' TED2011, ted.com.

7. AANDACHTTEKORT

1. William Gibson, *Zero History* (New York: Putnam 2010), p. 212.
2. 'History of the Web: Sir Tim Berners-Lee', World Wide Web Foundation.
3. Jaron Lanier, *You Are Not a Gadget* (New York: Alfred A. Knopf 2010), loc. 332-333, Kindle.
4. Nicholas Carr, *The Shallows: What the Internet Is Doing to Our Brains* (New York: W.W. Norton 2010), p. 91; Ned. vert. *Het ondiepe: Hoe onze hersenen omgaan met internet* (Asterdam: Maven Publishing 2011).
5. Wu, *Attention Merchants*, p. 320.
6. *Ibid.*, p. 322.
7. '"Who Shared It?" How Americans Decide What News to Trust on Social Media', American Press Institute, 20 mrt. 2017; Elisa Shearer en Jeffrey Gottfried, 'News Use Across Social Media Platforms 2017', Pew Research Center, 7 sept. 2017.
8. 'Yellow Journalism', in *Crucible of Empire: The Spanish-American War,* PBS, pbs.org; Jacob Soll, 'The Long and Brutal History of Fake News', *Politico,* 18 dec. 2016; 'Gaius Julius Caesar: The Conquest of Gaul', Livius.org.
9. Kevin Roose, 'After Las Vegas Shooting, Fake News Regains Its Megaphone', *New York Times,* 2 okt. 2017; Jennifer Medina, 'A

New Report on the Las Vegas Gunman Was Released. Here Are Some Takeaways', *New York Times,* 19 jan. 2018.

10. Craig Silverman, 'This Analysis Shows How Viral Fake Election News Stories Outperformed Real News on Facebook', *BuzzFeed,* 16 nov. 2016.
11. Oxford Internet Institute, 'Trump Supporters and Extreme Right "Share Widest Range of Junk News"', 6 feb. 2018; Ishaan Tharoor, '"Fake News" and the Trumpian Threat to Democracy', *Washington Post,* 7 feb. 2018; Shawn Musgrave en Matthew Nussbaum, 'Trump Thrives in Areas That Lack Traditional News Outlets', *Politico,* 8 apr. 2018.
12. Pierre Omidyar, '6 Ways Social Media Has Become a Direct Threat to Democracy', *Washington Post,* 9 okt. 2017; Omidyar Group, *Is Social Media a Threat to Democracy?,* 1 okt. 2017.
13. Olivia Solon, 'Tim Berners-Lee on the Future of the Web: "The System Is Failing"', *Guardian,* 15 nov. 2017.
14. McNamee, 'How to Fix Facebook – Before It Fixes Us'; Nicholas Thompson en Fred Vogelstein, 'Inside the Two Years That Shook Facebook – and the World', *Wired,* 12 feb. 2018.
15. Michael Lewis, 'Has Anyone Seen the President?', *Bloomberg View,* 9 feb. 2018.
16. Matea Gold en Frances Stead Sellers, 'After Working for Trump's Campaign, British Data Firm Eyes New U.S. Government Contracts', *Washington Post,* 17 feb. 2017; Nicholas Confessore en Danny Hakim, 'Data Firm Says "Secret Sauce" Aided Trump; Many Scoff', *New York Times,* 6 mrt. 2017; Joshua Green en Sasha Issenberg, 'Inside the Trump Bunker, with Days to Go', *Bloomberg,* 27 okt. 2016.
17. Matthew Rosenberg en Gabriel J.X. Dance, '"You Are the Product": Targeted by Cambridge Analytica on Facebook', *New York Times,* 8 apr. 2018; Carole Cadwalladr en Emma Graham-Harrison, 'Revealed: 50 Million Facebook Profiles Harvested for Cambridge Analytica in Major Data Breach', *Guardian,* 17 mrt. 2018; Olivia Solon, 'Facebook Says Cambridge Analytica May Have Gained 37m More Users' Data', *Guardian,* 4 apr. 2018.

18. Craig Timberg, Karla Adam en Michael Kranish, 'Bannon Oversaw Cambridge Analytica's Collection of Facebook Data, According to Former Employee', *Washington Post,* 20 mrt. 2018; Isobel Thompson, 'The Secret History of Steve Bannon and Alexander Nix, Explained', *Vanity Fair,* 21 mrt. 2018.
19. Lesley Stahl, 'Facebook "Embeds", Russia, and the Trump Campaign's Secret Weapon', *60 Minutes,* 8 okt. 2017.
20. Green en Issenberg, 'Inside the Trump Bunker, with Days to Go'; David A. Graham, 'Trump's "Voter Suppression Operation" Targets Black Voters', *Atlantic,* 27 okt. 2016.
21. Shane Harris, 'Russian Hackers Who Compromised DNC Are Targeting the Senate, Company Says', *Washington Post,* 12 jan. 2018; Raphael Satter, 'Inside Story: How Russians Hacked the Democrats' Emails', Associated Press, 4 nov. 2017; Priyanka Boghani, 'How Russia Looks to Gain Through Political Interference', *Frontline,* 23 dec. 2016; Rick Noack, 'Everything We Know So Far About Russian Election Meddling in Europe', *Washington Post,* 10 jan. 2018; U.S. Senate, Committee on Foreign Relations, *Putin's Asymmetric Assault on Democracy in Russia and Europe: Implications for U.S. National Security,* 115th Cong., 2nd sess., 10 jan. 2018.
22. David Ingram, 'Facebook Says 126 Million Americans May Have Seen Russia- Linked Political Posts', Reuters, 30 okt. 2017; Shane Goldmacher, 'America Hits New Landmark: 200 Million Registered Voters', *Politico,* 19 okt. 2016; Scott Shane, 'These Are the Ads Russia Bought on Facebook in 2016', *New York Times,* 1 nov. 2017; Leslie Shapiro, 'Anatomy of a Russian Facebook Ad', *Washington Post,* 1 nov. 2017.
23. Craig Timberg e.a., 'Russian Ads, Now Publicly Released, Show Sophistication of Influence Campaign', *Washington Post,* 1 nov. 2017.
24. Jack Nicas, 'How YouTube Drives People to the Internet's Darkest Corners', *Wall Street Journal,* 7 feb. 2018; Paul Lewis, '"Fiction Is Outperforming Reality": How YouTube's Algorithm Distorts Truth', *Guardian,* 2 feb. 2018; Jon Swaine, 'Twitter Admits Far More Russian Bots Posted on Election Than It Had Disclosed',

Guardian, 19 jan. 2018; Philip N. Howard e.a., 'Social Media, News, and Political Information During the US Election: Was Polarizing Content Concentrated in Swing States?', Computational Propaganda Research Project, 28 sept. 2017.

25. Ben Popken en Kelly Cobiella, 'Russian Troll Describes Work in the Infamous Misinformation Factory', NBC News, 16 nov. 2017; Scott Shane, 'The Fake Americans Russia Created to Influence the Election', *New York Times*, 7 sept. 2017.
26. Ryan Nakashima en Barbara Ortutay, 'Russia Twitter Trolls Deflected Trump Bad News', *USA Today*, 10 nov. 2017; Issie Lapowsky, 'Pro-Kremlin Twitter Trolls Take Aim at Robert Mueller', *Wired*, 5 jan. 2018.
27. Neidig, 'Poll: 83 Percent of Voters Support Keeping FCC's Net Neutrality Rules'; Todd Shields, 'FCC Got 444,938 Net-Neutrality Comments from Russian Email Addresses', *Bloomberg*, 29 nov. 2017; 'Over Half of Public Comments to FCC on Net Neutrality Appear Fake: Study', Reuters, 29 nov. 2017; Susan Decker, 'FCC Rules Out Delaying Net Neutrality Repeal over Fake Comments', *Bloomberg*, 5 jan. 2018; Jon Brodkin, 'FCC Stonewalled Investigation of Net Neutrality Comment Fraud, NY AG Says', *Ars Technica*, 22 nov. 2017; Brian Fung, 'FCC Net Neutrality Process "Corrupted" by Fake Comments and Vanishing Consumer Complaints, Officials Say', *Washington Post*, 24 nov. 2017; James V. Grimaldi en Paul Overberg, 'Millions of People Post Comments on Federal Regulations. Many Are Fake', *Wall Street Journal*, 12 dec. 2017; James V. Grimaldi en Paul Overberg, 'Many Comments Critical of "Fiduciary" Rule Are Fake', *Wall Street Journal*, 27 dec. 2017.
28. Samantha Bradshaw en Philip N. Howard, 'Troops, Trolls, and Troublemakers: A Global Inventory of Organized Social Media Manipulation', Computational Propaganda Research Project, working paper no. 2017.12.
29. Omidyar, '6 Ways Social Media Has Become a Direct Threat to Democracy'; Omidyar Group, *Is Social Media a Threat to Democracy?*

30. Julia Munslow, 'Ex-CIA Director Hayden: Russia Election Meddling Was "Most Successful Covert Operation in History"', *Yahoo News,* 21 juli 2017; Cynthia McFadden, William M. Arkin en Kevin Monahan, 'Russians Penetrated U.S. Voter Systems, Top U.S. Official Says', NBC News, 8 feb. 2018; Harris, 'Russian Hackers Who Compromised DNC Are Targeting the Senate'.
31. Shannon O'Neil, 'Don't Let Mexico's Elections Become Putin's Next Target', *Bloomberg View,* 9 nov. 2017; Jason Horowitz, 'Italy, Bracing for Electoral Season of Fake News, Demands Facebook's Help', *New York Times,* 24 nov. 2017; Yasmeen Serhan, 'Italy Scrambles to Fight Misinformation Ahead of Its Elections', *Atlantic,* 24 feb. 2018; 'Italy Warns of Election Threat as Rival Parties Court Russia', ABC News, 21 feb. 2018.
32. Olivia Solon, 'The Future of Fake News: Don't Believe Everything You Read, See, or Hear', *Guardian,* 26 juli 2017; Cade Metz en Keith Collins, 'How an A.I. "Cat-and-Mouse Game" Generates Believable Fake Photos', *New York Times,* 2 jan. 2018; James Vincent, 'New AI Research Makes It Easier to Create Fake Footage of Someone Speaking', *Verge,* 12 juli 2017; David Gershgorn, 'AI Researchers Are Trying to Combat How AI Can Be Used to Lie and Deceive', *Quartz,* 8 dec. 2017; *Stanford Encyclopedia of Philosophy,* s.v. 'Jean Baudrillard.'

8. 'DE BRANDSPUIT VAN HET BEDROG': PROPAGANDA EN NEPNIEUWS

1. Robert A. Heinlein, 'If This Goes On –', in *Revolt in 2100* (New York: Spectrum 2013), Kindle.
2. Peter Pomerantsev, 'Putin's Rasputin', *London Review of Books,* 20 okt. 2011.
3. V.I. Lenin, 'Report to the Fifth Congress of the R.S.D.L.P. on the St. Petersburg Split and the Institution of the Party Tribunal Ensuing Therefrom', in *Lenin Collected Works,* vol. 12 (Moskou: Foreign Languages Publishing House 1962).
4. Anne Applebaum, '100 Years Later, Bolshevism Is Back. And We Should Be Worried', *Washington Post,* 6 nov. 2017.

5. Victor Sebestyen, *Lenin: The Man, the Dictator, and the Master of Terror* (New York: Pantheon Books 2017), p. 3.
6. Ryan Lizza, 'Steve Bannon Will Lead Trump's White House', *New Yorker*, 14 nov. 2016.
7. Jane Mayer, 'The Reclusive Hedge-Fund Tycoon Behind the Trump Presidency', *New Yorker*, 27 mrt. 2017.
8. Sebestyen, *Lenin*, p. 3.
9. 'Propaganda: Goebbels' Principles', physics.smu.edu/pseudo/Propaganda/goebbels .html; Michiko Kakutani, 'In "Hitler", an Ascent from "Dunderhead" to Demagogue', *New York Times*, 27 sept. 2016; Michiko Kakutani, "How Propaganda Works" Is a Timely Reminder for a Post-Truth Age', *New York Times*, 26 dec. 2016.
10. Volker Ullrich, *Hitler: Ascent, 1889-1939* (New York: Knopf 2016), p. 94. Zie also Kakutani, 'In "Hitler", an Ascent from "Dunderhead" to Demagogue'.
11. Adolf Hitler, *Mein Kampf* (Boston: Houghton Mifflin 1943), vol. 2, loc. 10605, Kindle.
12. Arendt, *Origins of Totalitarianism*, p. 382.
13. Christopher Paul en Miriam Matthews, 'The Russian "Firehose of Falsehood" Propaganda Model' (Rand Corporation, 2016), p. 1.
14. *Ibid.*, p. 5.
15. *Ibid.*, p. 3, 4.
16. twitter.com/Kasparov63/status/808750564284702720.
17. T.S. Eliot, *Four Quartets* (New York: Harcourt Brace Jovanovich 1971), p. 17.
18. Zeynep Tufekci, *Twitter and Tear Gas: The Power and Fragility of Networked Protest* (New Haven, Conn.: Yale University Press 2017), p. 228-232.
19. Pomerantsev, 'Putin's Rasputin'.
20. Peter Pomerantsev, 'Russia's Ideology: There Is No Truth', *New York Times*, 11 dec. 2014.
21. Priscilla Alvarez en Taylor Hosking, 'The Full Text of Mueller's Indictment of 13 Russians', *Atlantic*, 16 feb. 2018; Adrian Chen, 'The Agency', *New York Times Magazine*, 2 juni 2015.

22. Peter Pomerantsev, 'Inside Putin's Information War', *Politico,* 4 jan. 2015.
23. Pomerantsev, 'Putin's Rasputin'.
24. Vladislav Surkov, 'Crisis of Hypocrisy. "I Hear America Singing"', RT, 7 nov. 2017.
25. Andrew Sullivan, 'The Reactionary Temptation', *New York,* 30 apr. 2017; Rosie Gray, 'Behind the Internet's Anti-Democracy Movement', *Atlantic,* 10 feb. 2017; Kelefa Sanneh, 'Intellectuals for Trump', *New Yorker,* 9 jan. 2017.

9. HET LEEDVERMAAK VAN DE TROLLEN

1. Marie Brenner, 'How Donald Trump and Roy Cohn's Ruthless Symbiosis Changed America', *Vanity Fair,* aug. 2017.
2. Donald Trump en Bill Zanker, *Think Big* (New York: HarperCollins 2009), p. 174-175.
3. Rebecca Savransky, 'Graham: "Financial Contributions Will Stop" if GOP Doesn't Pass Tax Reform', *Hill,* 9 nov. 2017; Cristina Marcos, 'GOP Lawmaker: Donors Are Pushing Me to Get Tax Reform Done', *Hill,* 7 nov. 2017.
4. Pynchon, *Gravity's Rainbow,* p. 676.
5. F. Scott Fitzgerald, *The Great Gatsby* (New York: Oxford University Press 1998), p. 142.
6. Sue Halpern, 'The Nihilism of Julian Assange', *New York Review of Books,* 13 juli 2017; Haroon Siddique, 'Press Freedom Group Joins Condemnation of WikiLeaks' War Logs', *Guardian,* 13 aug. 2010; Matthew Weaver, 'Afghanistan War Logs: WikiLeaks Urged to Remove Thousands of Names', *Guardian,* 10 aug. 2010.
7. Laura Sydell, 'We Tracked Down a Fake-News Creator in the Suburbs. Here's What We Learned', *All Tech Considered,* NPR, 23 nov. 2016.
8. Publius Decius Mus, 'The Flight 93 Election', *Claremont Review of Books,* 5 sept. 2016; Rosie Gray, 'The Populist Nationalist on Trump's National Se-curity Council', *Atlantic,* 24 mrt. 2017; Michael Warren, 'The Anonymous Pro- Trump "Decius" Now Works Inside the White House', *Weekly Standard,* 2 feb. 2017;

Gray, 'Behind the Internet's Anti- Democracy Movement'.

9. Hadley Freeman, 'Sandy Hook Father Leonard Pozner on Death Threats: "I Never Imagined I'd Have to Fight for My Child's Legacy"', *Guardian,* 2 mei 2017; Charles Rabin, 'Parkland Students Face New Attack, This Time from the Political Right on Social Media', *Miami Herald,* 20 feb. 2018.
10. Joseph Goldstein, 'Alt-Right Gathering Exults in Trump Election with Nazi-Era Salute', *New York Times,* 20 nov. 2016.
11. Marwick en Lewis, *Media Manipulation and Disinformation Online.*
12. Ashley Feinberg, 'This Is the Daily Stormer's Playbook', *Huffington Post,* 13 dec. 2017.
13. Amy B Wang, 'Trump Retweets Image Depicting "CNN" Squashed Beneath His Shoe', *Washington Post,* 24 dec. 2017; twitter.com/realDonaldTrump /status/326970029461614594.
14. Joshua Green, *Devil's Bargain: Steve Bannon, Donald Trump, and the Storming of the Presidency* (New York: Penguin Press 2017), p. 139, 147-148.
15. Butler, *Postmodernism,* p. 35.
16. 'A Conversation with David Foster Wallace by Larry McCaffery', *Review of Contemporary Fiction* 13, nr. 2 (zomer 1993); David Foster Wallace, 'E Unibus Pluram: Television and U.S. Fiction', *Review of Contemporary Fiction* 13, nr. 2 (1993): p. 151-194.
17. Roger Wolmuth, 'David Leisure – a.k.a. Joe Isuzu – Finds That the Road to Success Is Paved with Lies, Lies, Lies!', *People,* 10 nov. 1986.

EPILOOG

1. Neil Postman, *Amusing Ourselves to Death* (New York: Penguin 2006), p. 156, 141.
2. *Ibid.*, p. 98.
3. *Ibid.*, p. xix.
4. *Ibid.*, p. 16.
5. George Saunders, *The Braindead Megaphone: Essays* (New York: Riverhead Books 2007), p. 12, 6, 18.

6. Michiko Kakutani, 'Why "1984" Is a 2017 Must-Read', *New York Times,* 26 jan. 2017.
7. Freedom House, 'Freedom in the World 2018', freedomhouse.org.
8. Charles McGrath, 'No Longer Writing, Philip Roth Still Has Plenty to Say', *New York Times,* 16 jan. 2018.
9. George Washington, 'Washington's Farewell Address 1796', avalon.law .yale.edu.
10. Thomas Jefferson, 'First Inaugural Address', 4 mrt. 1801, avalon.law. yale.edu.
11. Washington, 'Washington's Farewell Address 1796', avalon.law. yale.edu.
12. Jefferson aan John Tyler, 28 juni 1804, in *The Papers of Thomas Jefferson,* James P. McClure (red.), vol. 43 (Princeton, N.J.: Princeton University Press 2017), loc. 18630, Kindle. Zie ook Scott Horton, 'Jefferson – Pursuit of the Avenues of Truth', *Browsings* (blog), *Harper's,* 15 aug. 2009.
13. James Madison aan W.T. Barry, 4 aug. 1822, in *The Writings of James Madison,* Gaillard Hunt (red.), 9 vols. (New York: G.P. Putnam's Sons, 1900-1910), vol. 9.

EXTRA BRONNEN

Arendt, Hannah, *The Human Condition* (Chicago: The University of Chicago Press 1998); Ned. vert. *De menselijke conditie* (Amsterdam: Boom 2009).

Avlon, John, *Washington's Farewell: The Founding Father's Warning to Future Generations* (New York: Simon & Schuster 2017).

Campbell, Jeremy, *The Liar's Tale* (New York: W.W. Norton 2002).

Chernow, Ron, *Washington: A Life* (New York: Penguin Press 2010).

Clark, Christopher, *The Sleepwalkers: How Europe Went to War in 1914* (New York: Harper Perennial 2014); Ned. vert. *Slaapwandelaars: Hoe Europa in 1914 ten oorlog trok* (Amsterdam: De Bezige Bij 2013).

Confessore, Nicholas, 'Cambridge Analytica and Facebook: The Scandal and the Fallout So Far', *New York Times,* 4 apr. 2018.

D'Antonio, Michael, *The Truth About Trump* (New York: Thomas Dunne Books 2016).

Diepenbrock, George, 'Most Partisans Treat Politics Like Sports Rivalries, Study Shows', *Kansas University Today,* 15 apr. 2015.

Ellis, Joseph J., *Founding Brothers: The Revolutionary Generation* (New York: Vintage 2002).

Ellis, Joseph J., *The Quartet: Orchestrating the Second American Revolution, 1783-1789* (New York: Vintage 2016).

Frum, David, 'How to Build an Autocracy', *Atlantic*, mrt. 2017.

Gray, Rosie, 'How 2015 Fueled the Rise of the Freewheeling White Nationalist Alt-Movement', *BuzzFeed,* 27 dec. 2015.

Halpern, Sue, 'How He Used Facebook to Win', *New York Review of Books,* 8 juni 2017.

Hamilton, Alexander, James Madison en John Jay, *The Federalist Papers* (Dublin, Ohio: Coventry House Publishing 2015).

Hofstadter, Richard, *Anti-intellectualism in American Life* (New York: Vintage 1963).

Hughes, Robert, *Culture of Complaint: The Fraying of America* (New York: Oxford University Press 1993); Ned. vert. *De klaagcultuur* (Amsterdam/Leuven: Balans/Kritak 1994).

Huxley, Aldous, *Brave New World* (New York: Harper Perennial 2006). Ned. vert. *Heerlijke nieuwe wereld* (Amsterdam, Muntinga 2002).

Ioffe, Julia, 'Why Trump's Attack on the Time Warner Merger Is Dangerous for the Press', *Atlantic,* 28 nov. 2017.

Johnston, David Cay, *The Making of Donald Trump* (Brooklyn: Melville House 2017). Ned. vert. *The Making of Donald Trump, de zakenman die president werd* (Amsterdam: Ambo/Anthos 2017).

Kahneman, Daniel, *Thinking, Fast and Slow* (New York: Farrar, Straus and Giroux 2011); Ned. vert. *Ons feilbare denken* (Amsterdam: Business Contact 2011).

Kaplan, Fred, *Lincoln: The Biography of a Writer* (New York: Harper 2008). Kasparov, Garry, *Winter Is Coming* (New York: PublicAffairs 2015).

Levi, Primo, *The Drowned and the Saved* (New York: Vintage International 1989); Ned. vert. *De verdronkenen en de geredden* (Amsterdam, Meulenhoff 1991). Luce, Edward, *The Retreat of Western Liberalism* (New York: Atlantic Monthly Press 2017).

McCullough, David, *1776* (New York: Simon & Schuster 2005).
Murphy, Tim, 'How Donald Trump Became Conspiracy Theorist in Chief', *Mother Jones*, nov./dec. 2016.
O'Brien, Timothy L., *TrumpNation: The Art of Being The Donald* (New York: Grand Central Publishing 2007).
Pluckrose, Helen, 'How French "Intellectuals" Ruined the West', *Areo*, 27 mrt. 2017.
Pomerantsev, Peter, *Nothing Is True and Everything Is Possible* (New York: PublicAffairs 2015); Ned. vert. *Niets is waar en alles is mogelijk* (Amsterdam: Hollands diep 2015).
Remnick, David, 'A Hundred Days of Trump', *New Yorker*, 1 mei 2017.
Ricks, Thomas E., *Fiasco: The American Military Adventure in Iraq* (New York: Penguin Press 2006).
Rosenberg, Matthew en Gabriel J.X. Dance, '"You Are the Product": Targeted by Cambridge Analytica on Facebook', *New York Times*, 8 apr. 2018.
Snyder, Timothy, *On Tyranny* (New York: Tim Duggan Books 2017).
Stanley, Jason, *How Propaganda Works* (Princeton, N.J.: Princeton University Press 2015).
Timberg, Carl, Karla Adam en Michael Kranish, 'Bannon Oversaw Cambridge Analytica's Collection of Facebook Data, According to Former Employee', *Washington Post*, 20 mrt. 2018.
Wolfe, Tom (red.), *The New Journalism* (New York: Picador Books 1975).
Wolff, Michael, *Fire and Fury: Inside the Trump White House* (New York: Henry Holt & Co. 2018); Ned. vert. *Vuur en woede. In het Witte Huis van Trump* (Amsterdam, Prometheus 2018).
Wood, Gordon S., *The Radicalism of the American Revolution* (New York: Vintage 1993).
Wylie, Christopher, 'Why I Broke the Facebook Data Story – and What Should Happen Now', *Guardian*, 7 apr. 2018.
Yglesias, Matthew, 'American Democracy Is Doomed', *Vox*, 8 okt. 2015.